★ 本书受国家自然科学基金委员会"制度演化影响下专利密集型产业知识溢出和区域创新联动机制研究"项目（编号：71874122）资助

专利密集型产业培育研究

姜 南 ◎ 著

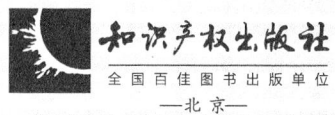

—北京—

图书在版编目（CIP）数据

专利密集型产业培育研究/姜南著. —北京：知识产权出版社，2021.1
ISBN 978-7-5130-7309-7

Ⅰ.①专… Ⅱ.①姜… Ⅲ.①技术密集型产业—产业发展—研究—中国 Ⅳ.①F269.24

中国版本图书馆 CIP 数据核字（2020）第 225067 号

内容提要

本书基于产业结构、创新理论、比较优势等分析了专利密集型产业的理论基础，从生产要素视角剖析了专利密集型产业的概念，从专利与法律、经济、新兴产业等的关系探讨了专利密集型产业的特点，对我国专利密集型产业的选取和依据进行了分析和遴选，从国家、省市和产业三个层面梳理了专利密集型产业的培育政策现状和未来展望。本书适用于知识产权从业人员、产业政策研究者、企业经营管理者、研发人员、科技爱好者、法律爱好者、知识产权专业学生等。

责任编辑：张利萍　　　　　　　　　责任校对：王　岩
封面设计：邵建文　　　　　　　　　责任印制：孙婷婷

专利密集型产业培育研究
姜　南　著

出版发行：知识产权出版社有限责任公司	网　　址：http://www.ipph.cn
社　　址：北京市海淀区气象路 50 号院	邮　　编：100081
责编电话：010-82000860 转 8387	责编邮箱：65109211@qq.com
发行电话：010-82000860 转 8101/8102	发行传真：010-82000893/82005070/82000270
印　　刷：北京九州迅驰传媒文化有限公司	经　　销：各大网上书店、新华书店及相关专业书店
开　　本：720mm×1000mm　1/16	印　　张：14
版　　次：2021 年 1 月第 1 版	印　　次：2021 年 1 月第 1 次印刷
字　　数：200 千字	定　　价：59.00 元
ISBN 978-7-5130-7309-7	

出版权专有　侵权必究
如有印装质量问题，本社负责调换。

自 序

借完成本书之际,笔者对中美欧专利(知识产权)密集型产业领域的进展进行了梳理。笔者发现,在过去几年,专利密集型产业首先诞生于欧美,在相关概念被引入中国之后,一批学者加入这一领域的研究中来。经济学、管理学、法学的各种研究方法被运用到该领域的研究中,既有宏观国别对比研究,又有中观省域具体情况分析,还有微观企业运营视角;既有规范性理论分析,又有政策解读评估,还有实证性经验分析。可谓百花齐放!百舸争流!一方面,说明专利密集型产业的概念深深地引起了大家的研究兴趣和热情;另一方面,专利密集型产业可能是属于随着知识产权经济发展和时代更新换代的新兴名词,它的周期可能是几年,也可能是更长,能否具有长久的生命力,关键还在于其理论根基和社会需求是否能够持久。

近年来,尽管以专利密集型产业为背景的研究热度不断提升,但尚缺少关于该领域的体系性思考与研究脉络的梳理。现有文献多为针对专利的经验性研究,尚缺乏对该研究领域的全景式展现,专利密集型产业的理论基础尚不牢固。目前,专利等知识产权要素在产业中的重要性被广泛接受,然而仍难以系统解释为何新兴产业、某些专利密集型产业和部分区域具有更快的发展速度和创新能力,这也是本书在撰写和行文过程中的主要动力和思索方向。

通过对既有文献的分析,笔者认为专利密集型产业发展的理论体系有待进一步深化。现有研究对于专利密集型产业发展规律的理论分析较为薄弱,并没有提出统摄专利密集型产业运营机理的指导理论。从人类社会发展的漫漫长路来说,人类依赖的经济样态经历了原始经济、农业经济、工业经济、知识经济和知识产权经济,这里面蕴含的知识产权要素在经济发展中的重要性日益凸显。从产业的分类来说，专利密集型产业本身并不是新生事物，其理论基础和技术创新往往根植于已有的传统产业中，既与传统产业有着千丝万缕和密不可分的关系，又是新兴业态如区块链、人工智能、5G、物联网等技术和相关产业发展的必然方向。

笔者从博士毕业后才开始关注知识产权经济与管理领域的相关研究，起步虽晚，但秉承"勤能补拙是良训"的座右铭，作为一名学术研究者，笔者一直较为关注专利制度对产业经济和创新发展作用的分析和评判。笔者试图在本书中更广阔地展现专利制度、产业政策、区域创新、经济发展等因素的相互交织和影响。本书撰写的初心最初来自对知识产权制度与经济关系的关注，在诸多理论和实证研究的基础上，笔者在"巨人的肩膀"上将该领域的研究向产业的方向又推进了一步，试图从产业的视角解读知识产权制度与经济发展的未解之谜。笔者认为，专利密集型产业的概念本身融合了专利法律制度、产业政策、生产要素、经济社会发展等多重概念，这些要素恰恰也是处于"转轨"过程中的中国制度设计目前最需要的东西。笔者关于专利密集型产业的两项课题——"专利密度视角下专利制度影响我国产业经济发展的传导机制研究"（项目号：71403188）和"制度演化影响下专利密集型产业知识溢出和区域创新联动机制研究"（项目号：71874122）先后获得国家自然科学基金项目的资助，从一定程度上也反映了国家对该问题的关心和重视。

作为专利制度作用较为显著的专利密集型产业，如何将专利政策与其他政策进行相互融合并进行多重目标视角下的最优化设计，是笔者较为关心的问题。本书试图构建专利密集型产业的理论体系，来阐释政府应该如何去调节政策和"培育"专利密集型产业，实现专利密集型产业的有效运行，继而发挥政府部门对宏观经济的调控作用。本书从专利密集型产业的概念、专利密集型产业划分方法和专利密集型产业培育政策三个层面具体展开论述，遵循"是什么—为什么—怎么办"本体论的研究视角来分析核心议题。笔者考虑到市面上尚缺乏完整地呈现专利密集型产业理论和实践的相关书籍，力图通过本书填补这一空缺。这一定位使得本书的撰写和出版是一件有意义的事情。

最后，感谢我的博士生马艺闻，她对本书的校对工作付出了颇多心血；感谢我的家人，没有他们的支持，我不可能如此全身心地投入到本书的写作中；感谢知识产权出版社张利萍编辑，没有她的努力推动，该书不可能如此迅速地与读者见面。

该书涉及的理论和实证分析较多，由于时间关系，很难能面面俱到，如有谬误，敬请指正！

姜 南

2020 年 10 月

前　言

中国自改革开放以来取得了举世瞩目的经济成果，但传统创新系统发展效益较低、国家整体创新能力不强等问题日益突出，使目前中国的经济增长面临许多挑战。中国GDP增速从2015年开始逐渐放缓，经济发展进入新常态，传统发展动力不断减弱。中国亟须从"要素驱动""投资驱动"向"创新驱动""知识产权驱动"转变，让创新和知识产权成为经济增长的新驱动力。在这一经济发展背景下，中共中央、国务院于2016年5月印发了《创新驱动发展战略纲要》，并提出创新驱动发展战略。在党的十九大报告中，习近平总书记再次强调了"创新是引领发展的第一动力，是建设现代化经济体系的战略支撑"。

在经济增长从"要素驱动""投资驱动"向"创新驱动"转变的过程中，知识产权制度及受知识产权制度保护的知识产权要素起到越来越重要的作用，中国的经济增长模式已经进入转型期，新的经济发展模式需要通过创新和技术进步来提高生产率，这主要体现在以下方面：①经济增长结构的转变，将以低端产业为主的增长转变为以高附加值产业为主的增长，以工业为主的增长转变为以服务业为主的增长；②经济发展质量的转变，从过度重视经济增长速度向注重经济发展的质量和效益转变，强调经济和社会的协调发展；③经济发展模式更注重"走出去"战略，积极嵌入全球价值网络，主动参与和推动经济全球化进程，形成更高层次的开放型经济。在新的经济形势下，探讨知识产权视角下经济发展新动能无疑具有重要意义。

作为知识产权密集型产业的重要组成部分，专利密集型产业的定义虽然起源于美国，并经欧盟进一步发展，中国、韩国等国亦有学者和业界进行研究和分析，然而对于专利密集型产业的概念和边界、理论基础仍有不清晰的地方，这限制了专利密集型产业的进一步发展和培育。因此，本书的主要研究目的是基于生产要素的视角进一步厘清专利密集型产业的基本概念和特征。主要研究路径是沿着理论基础→概念提出→实证研究→制度梳理→案例分析→政策建议的脉络，从理论、实践、政策等多个方面提出专利密集型产业的培育路径。主要内容是选取并研究了与专利密集型产业最为相关的生产要素理论、比较优势理论、产业升级理论和熊彼特增长理论，基于产业结构、产业发展、产业增长等视角分析了知识产权密集型产业的理论基础，基于传统生产要素向高级生产要素的演进以及作用发挥剖析了专利密集型产业概念，从专利与法律制度、专利与经济、专利与新兴产业等外延探讨了专利密集型产业的特点，依据理论框架和概念体系对我国的专利密集型产业进行了分析和遴选，在此基础上从专利密集型产业发展和培育的视角选取典型产业进行对比和研究，分国家、省市和产业三个层面给出相应的专利密集型产业培育政策建议。

本书为国家自然科学基金项目"制度演化影响下专利密集型产业知识溢出和区域创新联动机制研究"（项目号：71874122）的阶段性成果之一。

目 录

引言 ··· 1

第一篇 专利密集型产业概念研究

第一章 专利密集型产业相关理论分析 ································ 9
　　第一节　生产要素理论 ··· 9
　　第二节　比较优势理论 ·· 13
　　第三节　产业升级理论 ·· 18
　　第四节　熊彼特增长理论 ·· 23

第二章 专利密集型产业的概念研究 ···································· 33
　　第一节　专利密集型产业的内涵研究 ···························· 33
　　　一、生产要素的变迁 ·· 33
　　　二、生产要素的流动 ·· 36
　　　三、生产要素的作用 ·· 47
　　　四、生产要素的培育 ·· 51
　　第二节　专利密集型产业的外涵研究 ···························· 53
　　　一、专利密集型产业与制度的关系 ···························· 53
　　　二、专利密集型产业和经济的关系 ···························· 66

第二篇 专利密集型产业划分方法的实证研究

第三章 生产要素视角下的专利密集型产业 ······················· 75
　　第一节　生产要素密集型产业概述 ······························ 75
　　　一、劳动密集型产业 ·· 75

二、资本密集型产业 ………………………………………… 76
三、知识密集型产业 ………………………………………… 77
第二节 生产要素密集型产业的分类方法 …………………… 78
第三节 专利密集型产业的演变 ……………………………… 80
一、采用方法 ………………………………………………… 85
二、计算结果 ………………………………………………… 86

第四章 专利密集型产业与经济发展 …………………………… 92
第一节 专利密集型产业与全要素生产率 …………………… 92
一、采用方法 ………………………………………………… 93
二、专利密集型产业的全要素生产率测算 ………………… 95
第二节 专利密集型产业与国际化发展 ……………………… 108
一、相关研究 ………………………………………………… 109
二、数据来源 ………………………………………………… 112
第三节 专利密集型产业与专利运营 ………………………… 120
一、数据来源和处理说明 …………………………………… 122
二、产业专利数计算方法 …………………………………… 123
三、数据统计和变量说明 …………………………………… 125
四、采用模型和结果 ………………………………………… 130
五、趋势分析 ………………………………………………… 132

第三篇 专利密集型产业培育政策研究

第五章 专利密集型产业培育政策现状研究 …………………… 139
第一节 国家层面 ……………………………………………… 139
一、政府政策 ………………………………………………… 140
二、域外制度借鉴 …………………………………………… 154
第二节 省市层面 ……………………………………………… 160
一、存在区域差异 …………………………………………… 160
二、明确培育主体 …………………………………………… 162
第三节 产业层面 ……………………………………………… 170

一、典型案例 …………………………………… 170
　　二、经验与启示 ………………………………… 179

第六章　专利密集型产业政策发展与展望 …………… 184
　第一节　国家层面 …………………………………… 184
　　一、完善顶层设计 ……………………………… 184
　　二、营造"三种环境" …………………………… 185
　　三、构建创新机制 ……………………………… 186
　　四、加强政策协同 ……………………………… 187
　　五、开展定期评估 ……………………………… 189
　第二节　省市层面 …………………………………… 190
　　一、优化扶持政策 ……………………………… 190
　　二、促进要素融合 ……………………………… 192
　　三、优化服务体系 ……………………………… 193
　　四、构建"大保护"格局 ………………………… 194
　　五、夯实人才基础 ……………………………… 195
　第三节　产业层面 …………………………………… 197
　　一、提升产业政策动能 ………………………… 197
　　二、加强国际合作交流 ………………………… 198
　　三、完善统计和监测政策 ……………………… 198
　　四、发挥专利导航作用 ………………………… 200
　　五、促进知识产权联盟协作 …………………… 201

参考文献 ………………………………………………… 203

引 言

在国家创新体系（NIS）中，产业创新向下包含了企业创新，向上承接了国家创新，处于中观层面的重要位置。国际上，自2012年美国首次界定专利密集型产业以来（ESA and USPTO，2012）❶，2013年欧盟采用相同方法测度了专利密集型产业对经济的贡献（EPO，2013）❷，将专利制度对经济和科技贡献的视角聚焦于中观产业层面，具有划时代意义。此后，2016年9月和10月，美国和欧盟又发布了专利密集型产业对经济和科技贡献的更新版本（EPO，2016；ESA and USPTO，2016）❸❹。美国报告中，专利密集型产业增加值从2010年的7630亿美元增至2014年的8810亿美元，2014年专利密集型产业占GDP份额为5.1%。欧盟报告中，2011—2013年，欧盟专利密集型产业创造的GDP贡献均值为2.04万亿欧元，占欧盟GDP的15.2%。2014—2016年，欧盟专利密集型产业创造的GDP贡献均值为2.35万亿欧元，占欧盟GDP的16.1%。

---

❶ USPTO. USPTO Report Shows Intellectual Property – Intensive Industries Contribute $5 Trillion, 40 Million Jobs to U. S. Economy [EB/OL]. (2019 – 10 – 31). https://www.uspto.gov/ip-policy/economic-research/publications/reports/uspto-report-shows-intellectual-property-intensive.

❷ EPO. Intellectual property rights intensive industries: contribution to economic performance and employment in the European Union [EB/OL]. (2013 – 09 – 30). https://euipo.europa.eu/ohimportal/en/web/observatory/ip-contribution#ip-contribution_3.

❸ EPO. Intellectual property rights intensive industries and economic performance in the European Union [EB/OL]. [2020 – 11 – 22]. https://euipo.europa.eu/ohimportal/en/web/observatory/ip-contribution#ip-contribution_2.

❹ USPTO. Intellectual Property and the U. S. Economy [EB/OL]. (2016 – 09 – 26). https://www.uspto.gov/learning-and-resources/ip-motion/intellectual-property-and-us-economy.

专利密集型产业是知识产权密集型产业中贸易顺差最高的产业。2013年,欧盟专利密集型产业对外贸易出口额为1.23万亿欧元,进口额为1.16万亿欧元,净出口额为740.57亿欧元。2016年对外贸易方面,欧盟专利密集型产业对外贸易出口额为1.44万亿欧元,进口额为1.31万亿欧元,净出口额为1302.67亿欧元。专利密集型产业的就业贡献度高。美国报告指出,2000—2011年,虽然专利密集型企业仅占美国公司总数的1%,但是对就业的贡献最大,提供了33%的就业。2010年和2014年美国专利密集型产业分别创造了389万个和390万个直接就业岗位,分别为整体供应链创造了325万个和350万个间接就业岗位。欧盟报告显示,2011—2013年,专利密集型产业为欧盟创造了10%的就业机会,欧盟专利密集型产业创造的平均直接就业岗位为0.22亿个,占全部直接就业岗位的10.3%,平均直接就业和间接就业岗位之和为0.36亿个,占全部就业份额的16.7%。2014—2016年,欧盟专利密集型产业创造的平均直接就业岗位为0.24亿个,占全部直接就业岗位的10.9%,直接就业和间接就业岗位之和为0.35亿个,占全部就业份额的16.1%。专利密集型产业的报酬高。根据2016年美国和欧盟的报告,专利密集型产业的就业情况在金融危机以后缓慢增长,专利密集型行业的就业薪酬高于平均水平。在美国,专利密集型产业的平均周薪自1990年以45%的增长率持续增长,2000年达到69%,2014年增速达到74%,2014年美国专利密集型产业的平均周薪为1560美元。欧盟报告显示,2013年欧盟专利密集型产业的平均周薪为895欧元,比非专利密集型产业高出69%。

美国和欧盟关于专利(知识产权)密集型产业和经济的研究报告体现了发达经济体对统计和监测与知识产权相关产业发展状况的重视,表明专利密集型产业在美国和欧盟领域的经济活动中占据了较大比重,提供了大量就业岗位、新产品和新的服务机会。尽管相关报告并没有提出具体或直接的政策性建议,但为政府、产业和企业指明了方向,那就是必须重视专利(知识产权)密集型产业的发展以及知识产权法律和政策等制度性建设。专利密集型产业是知识产权密集型产业的重要组成部分,一般是指单位就业人数发明专利数量高于所有产业整体平均水平的产业。

在国内,我国国家知识产权局自 2012 年起也逐渐开展了专利密集型产业相关统计和试点研究工作。2015 年 12 月 22 日,国务院印发的《关于新形势下加快知识产权强国建设的若干意见》提出应培育专利密集型产业,2016 年 10 月 28 日国家知识产权局印发了《专利密集型产业目录(2016)》❶,指出我国专利密集型产业经济拉动能力强,极具市场竞争优势和创新活力。据报告中数据统计,2010—2014 年,我国专利密集型产业增加值合计为 26.7 万亿元,占国内生产总值(GDP)的比重为 11.0%,年均实际增长 16.6%,是同期 GDP 年均实际增长速度的 2 倍以上,虽然专利密集型产业就业人口只占全社会的 3.4%,却创造了全国 10% 以上的 GDP;从产品竞争力来看,专利密集型产业新产品销售收入占主营业务收入的比重为 20.7%,出口交货值占销售产值的比重是 19.3%,分别是同期非专利密集型产业的 2.5 倍和 2.2 倍;从创新投入力度来看,专利密集型产业研发经费投入强度达到 1.3%,是非专利密集型产业的 2.6 倍。作为支柱型产业,专利密集型产业对国民经济社会发展起着极其重要的作用,其创新能力对实现国家创新战略意义重大。2019 年 4 月 1 日生效的《知识产权(专利)密集型产业统计分类(2019)》,借鉴前期工作成果和《国民经济行业分类》(GB/T 4754—2017),参考美国和欧盟的测算方式,聚焦专利密集型产业的国内统计形式,以部门规章的形式明确了专利密集型产业的定义,将连续 5 年内的发明专利授权总量与同期年均就业数的比值作为发明专利密度衡量专利密集型产业。此外,还采用 R&D 投入强度❷和发明专利规模与均值进行对比的方式识别专利密集型产业,并且在涉及 R&D 投入强度这一参数时,将产业是否满足战略性新兴产业、高技术产业(制造业)、高技术产业(服务业)等条

---

❶ 国家知识产权局. 专利密集型产业目录(2016)(试行)[EB/OL]. (2016-10-28)[2020-03-10]. http://www.sipo.gov.cn/tz/gz/201610/t20161028_1298575.html.

❷ R&D 是指为增加知识存量(也包括有关人类、文化和社会的知识)以及设计已有知识的新应用而进行的创造性、系统性工作。R&D 投入强度,指企业 R&D 经费支出与主营业务收入之比。

件考虑在内，即将专利密集型产业分为信息通信技术制造业、信息通信技术服务业、新装备制造业、新材料制造业、医药医疗产业、环保产业及研发、设计和技术服务业7个一级类别，在这7个一级类别的基础上再细分为31个二级子类别❶。这种对专利密集型产业的定义和分类机制将为激励和保障产业创新发挥着积极作用，为我国经济高质量产业发展提供规范和指引。

目前国内外研究多以产品生产函数理论界定专利密集型产业（WIPO，2011）❷，研究者多借鉴欧美经验研究专利密集型产业的发展现状、创新效率以及其在经济增长中的地位与贡献，对国家经济、GDP和就业率的贡献等方面的研究得出专利密集型产业与非专利密集型产业相比具有专利密度高、附加值高、经济贡献值高等特征，其本质反映出专利密集型产业的知识产权要素比较优势突出。从创新效率视角来看，专利密集型产业创新效率水平整体呈上升趋势，政府支持力度、产业科技水平、企业规模以及从业人员素质水平的提高将促进创新效率的提升（陈伟，等，2015）❸。从资源能力视角来看，技术机会越低和复杂的技术领域越高，专利密度越大；技术生命周期也对专利密度产生影响，越成熟的技术，专利密度越大（Fischer，Ringler，2015）❹。从政策供给视角来看，要维持并增加创新性知识供给，人力资本在各项要素中的重要性最强（徐明，姜南，2013）❺；专利密集型产业在专利保护较强的国家发展更快（AGZ Hu，IPL Png，2009）❻。从知识溢出视角来看，方志超、王贤文、刘趁（2015）通过全部专利的

---

❶ 国家统计局. 知识产权（专利）密集型产业统计分类（2019）[EB/OL]. (2019-04-01) [2020-03-10]. http://www.gov.cn/gongbao/content/2019/content_5419213.htm.

❷ WIPO. World Intellectual Property Report: The Changing Face of Innovation [R]. Geneva: WIPO, 2011.

❸ 陈伟, 等. 高专利密集度产业创新效率及影响因素研究——基于DEA-Malmquist指数和Tobit模型 [J]. 科技管理研究, 2015, 35 (21): 1-6.

❹ Fischer T, Ringler P. The coincidence of patent thickets - a comparative analysis [J]. Technovation, 2015, 38 (4): 42-49.

❺ 徐明, 姜南. 我国专利密集型产业及其影响因素的实证研究 [J]. 科学学研究, 2013 (2): 201-222.

❻ AGZ Hu, IPL Png. Patent rights and economic growth: evidence from cross-country panels of manufacturing industries [J]. Oxford Economic Papers, 2009, 65 (3): 675-698.

总被引次数表现出的知识溢出现象检验企业的技术竞争地位、行业的技术竞争态势和国家的技术创新活跃程度❶。知识产权制度通过预期惩罚和贸易纠纷处理机制，减少创新收益的不确定性，界定知识扩散过程中的利益分配，降低创新活动的交易成本，从而形成对创新的保障，因此专利密度必然与创新收益获得的时间、知识扩散的速度以及创新活动的活跃程度息息相关（孙玮，陈燕，孙全亮，2015）❷。

总的来说，现有研究对于专利密集型产业发展规律的理论分析较为薄弱，并没有提出统摄专利密集型产业培育的指导理论。实证研究方面，目前多以面板数据为主，从定量角度分析专利密集型产业的发展现状或验证相关产业指标对其发展的影响及程度。因此，基于理论基础、实证研究、现有政策的综合视角展开对专利密集型产业培育的研究十分有必要。

综上所述，本书对知识产权与经济的研究聚焦产业层面，较之国家层面和企业层面意义独特，如仅聚焦企业层面则适用面过窄，无法解释产业特性带来的面上影响；如仅仅聚焦国家层面则刚性过强，针对性有所不足。本研究的理论意义在于：立足专利密集型产业相关的知识产权制度完善，发挥知识产权法律制度和政策对专利密集型产业的激励作用。本研究的现实意义在于：从宏观层面进一步完善知识产权制度，有利于促进我国专利密集型产业的发展，提升我国产业结构升级，提高创新能力和国际竞争力，促使经济持续发展。完善的制度保障亦将有助于提高专利密集型产业相关研发人员和从业人员的创新积极性，激励产业创新。从国际形势来说，鉴于中美等国际贸易摩擦对本国专利密集型产业发展影响较大，因此有必要采取积极产业政策和财政政策以消除外部环境剧烈变化带来的冲击。从国内产业发展需求来说，专利密集型产业代表着新兴经济的发展方向，对经济和就业的贡献远超其他产业，为专利密集型产业中企业的创新发展提供制度

---

❶ 方志超，王贤文，刘趁. 全球专利密集型企业之间专利引用行为分析 [J]. 科学学与科学技术管理，2015（12）：3-12.

❷ 孙玮，陈燕，孙全亮. 中国制造业专利密度的行业分布特征及影响因素分析 [J]. 科学学与科学技术管理，2015（4）：96-104.

保护和支持，可以进一步提高专利密集型企业在国内和国际市场上的地位，促进专利密集型产业持续稳定发展。

　　欧美发达国家的经验表明，专利密集型产业对社会经济发展做出了重要贡献，随着专利在国民经济中的作用日益凸显，我国也将专利密集型产业培育作为建设知识产权强国、实施创新驱动发展战略的重要抓手。本书对专利密集型产业的相关理论进行了系统分析，并对专利密集型产业的界定和作用展开理论研究，对专利密集型产业与经济的关系进行实证分析，继而提出了培育发展专利密集型产业的建议。

第一篇 专利密集型产业概念研究

第一章 专利密集型产业相关理论分析

第一节 生产要素理论

从字面上来看，专利密集型产业与劳动密集型产业、资本密集型产业、技术（知识）密集型产业是并列的概念，但专利密集型产业与其他生产要素密集型产业究竟存在何种关系，这要从生产要素的内涵和发展历史来进行研究。

《辞海》中生产要素的含义是：进行社会生产经营活动时所需要的各种社会资源，是维系国民经济运行及市场主体生产经营过程中所必须具备的基本因素。生产要素，是经济学中的一个基本范畴。现代西方经济学认为生产要素包括劳动力、土地、资本、企业家才能四种，随着科技的发展和知识产权制度的建立，技术、信息也作为相对独立的要素投入生产。这些生产要素进行市场交换，形成各种各样的生产要素价格及其体系。这说明生产要素的含义包括两个方面：一方面是指投入到生产经营过程中的必备要素；另一方面则说明生产要素需要进行市场交换。

从生产要素的发展过程来讲，西方经济学史上，生产要素的种类经历了从二要素论、三要素论到六要素论的发展过程。早在17世纪，威廉·配第就在《赋税论》一书中最早提到劳动价值论，认为劳动是商品价值的基础，但威廉·配第同时又指出"土地是财富之母，劳动则为财富之父和能动要素"❶，即土地和劳动都创造财富和价值，从而

---

❶ 威廉·配第. 配第经济著作选集（赋税论）[M]. 北京：商务印书馆，1981：66.

生产要素又是二元的，尽管他最后又想把这两种衡量价值的尺度合成为同一个价值尺度❶。1776 年，亚当·斯密在其巨著《国民财富的性质和原因的研究》中提出，"一国国民每年的劳动，本来就是供给他们每年消费的一切生活必需品和便利品的源泉"❷，从而"只有劳动才是价值的普遍尺度和正确尺度"❸；但他同时又认为"无论是什么社会，商品的价格归根结底都分解成为劳动、资本和土地三个部分或其中之一"❹，从而又从劳动价值论转向生产费用论，确定了三要素说的雏形。萨伊在《政治经济学概论》一书中认为，"价值是劳动（或人类的勤劳）的作用、自然所提供的各种要素的作用和资本的作用联合产生的成果"❺，并明确提出劳动、资本和土地是最基本的三种生产要素。1890 年，英国著名经济学家、剑桥学派创始人马歇尔在《经济学原理》一书中提出，"组织"（即我们现在所说的管理或企业家才能）对于生产起着重要的作用，因此他把"组织"列为第四要素❻。21 世纪 50 年代，美国经济学家西蒙·库兹涅茨运用统计分析方法对各国经济增长进行分析比较后认为，"一国的经济增长能力，基于改进技术，以及它要求的制度的和意识形态的调整……先进技术是经济增长的一个允许的来源"❼；罗伯特·索洛的研究揭示了"技术发展是经济增长的主要因素"❽。随着科技在促进经济发展中的作用，许多经济学家在经济分析时都认为，技术进步是现代经济增长的

---

❶ 威廉·配第. 配第经济著作选集（赋税论）[M]. 北京：商务印书馆，1981：42.
❷ 亚当·斯密. 国民财富的性质和原因的研究：上册 [M]. 北京：商务印书馆，1983：2-3.
❸ 亚当·斯密. 国民财富的性质和原因的研究：上册 [M]. 北京：商务印书馆，1983：32-33.
❹ 亚当·斯密. 国民财富的性质和原因的研究：上册 [M]. 北京：商务印书馆，1983：42-44.
❺ 大卫·李嘉图. 政治经济学及赋税原理 [M]. 北京：商务印书馆，2013：242.
❻ 阿弗里德·马歇尔. 经济学原理 [M]. 北京：华夏出版社，2012：63.
❼ 王宏昌编译. 诺贝尔经济学奖金获得者讲演集（1969—1977）[M]. 北京：中国社会科学出版社，1997：97.
❽ 王宏昌编译. 诺贝尔经济学奖金获得者讲演集（1987—1995）[M]. 北京：中国社会科学出版社，1997：111.

第五来源❶。随着知识经济和信息高速公路的兴起,信息在生产中的作用也越发重要。因此,生产要素六要素论的说法逐渐形成。根据世界上多数经济学家的看法,本书认为,生产要素一般包括以土地为代表的自然资源、资本、劳动力、技术、管理和信息。上述六种生产要素中,管理、技术和信息要素都具有高智力、高知识含量的特点,因此可以大致归类为知识要素,所以以上六种要素又可以简单概括为四种主要或基本要素,即自然资源、资本、劳动力和知识(技术)要素。

从上述学者的理论可以看出,生产要素第一层含义是对用于经济活动资源的抽象表达。在农业时代,土地和劳动力是生产的主要因素。在工业时代,资本的重要性日益突出,并成为生产的重要因素。土地(及能源和矿产)逐渐资本化,后来催生了更多的生产要素❷。当前,正迈入知识产权经济时代,以专利、版权和商标为代表的知识产权资源正在演变为生产要素的形式,与其他生产要素一起被整合到创造经济价值、改变经济和社会形式以及形成新的先进生产力中。

生产要素的第二层含义在于生产要素需要市场交换,因此生产要素与经济活动过程息息相关。在市场经济条件下,生产要素不仅参与经济活动的生产环节,而且参与流动和分配环节❸。生产要素在不同历史阶段对物质手段生产的参与程度不同,其作用和对要素分配的影响也不同。在以自给自足为特征的自然经济条件下,生产要素只参与产品的生产过程,生产出来的产品只是用以满足生产者自身生产、消费的需要,不能进行流通和交换,生产要素的配置效率(即投入产出比或效益)无法以商品交换价格或利润的量化形式表现出来,所以生产者在使用生产要素时很难以效益最大化为主要目标,由于其生产技术和条件的限制,生产要素配置效率也比较低;在以商品交换为特征的商品经济条件下,生产要素参与商品的生产过程并通过商品交换间

---

❶ 迈克尔·P. 托达罗. 经济发展 [M]. 北京:中国经济发展出版社,1999:108.

❷ 李清彬. 推动大数据形成理想的生产要素形态 [J]. 中国发展观察,2018 (15):22-25.

❸ 于刃刚,戴宏伟. 生产要素论 [M]. 北京:中国物价出版社,1999:4-5.

接参与流通过程,生产者为了获取最大利润,就要合理配置各种要素,使生产要素的使用效率大大提高;在市场经济条件下,生产要素不但参与生产环节,而且直接参与流通和交换环节,并享有分配的权利,从而激励各要素所有者节约使用其拥有的生产要素,使要素配置效率最大化,因此从某种意义上可以说,生产要素直接参与交易和分配是市场经济的根本特征。

目前,知识产权生产要素不仅间接参与了生产环节,而且初步具备了直接参与生产、流通和分配的全过程,这体现在如下几个方面:

一是知识产权在现代社会中越来越居于中心地位。知识产权已成为一种基础战略资源,很多国家已经发布了支持知识产权发展的国家战略和计划。这些国家知识产权战略的背后都有产业利益的诉求。例如,美国从20世纪80年代开始实行知识产权发展战略,谋求美国知识产权权利人和相关产业在全球利益的最大化,推动《与贸易有关的知识产权协定》(TRIPS)的签订。进入20世纪90年代的日本,在高技术领域的竞争力开始落后于欧美,在传统工业和劳动密集型产业方面,又面临着亚洲其他国家和地区的竞争,在这样的背景下,日本开始确立"知识产权立国"的国家战略。

二是知识产权应纳入价值创造过程中。仅凭重要性不足以支持知识产权成为新的生产要素,还需要了解知识产权是否像传统生产要素那样真正融入了价值创造过程。经过若干年的发展,当今的知识产权对于经济活动变得不可或缺,真正成为生产价值创造过程中的重要组成要素。一方面,专利、商标、版权成为生产价值创造过程中的重要元素和要素市场的重要目标,因此已经形成了不断完善的产业链和产业集群;另一方面,知识产权要素已深深地融入产业创新和升级的各个方面,不仅帮助而且主导了新价值的创造。

三是传统生产要素很难代表知识产权。即便知识产权已成为价值创造过程的重要组成部分,仍然不足以支持它成为理论上独立的生产要素,并且需要证明它不能用一个或几个现有要素来表示。在既有的要素当中,劳动(人力资本)、资本、自然资源等要素都很难用来代表知识产权。知识(技术)虽与知识产权有近似之处,但也不能完全涵盖知识产权，因此有必要把知识产权要素单独进行分析。

第二节 比较优势理论

生产要素理论虽然澄清了知识产权要素的特殊性，但未能与产业概念联系在一起。因此，还必须探讨生产要素与产业概念的结合，生产要素密集型产业起源于国际贸易理论，在这一理论中，英国产业革命的经济学家亚当·斯密建立起绝对优势理论，斯密在1776年出版的《国民财富的性质和原因的研究》一书中批判了重商主义，提出了主张自由贸易的绝对成本学说，他认为，国际分工的基础是有利的自然禀赋或后天的有利的生产条件，各国生产各自具有优势的产品交换，使土地、劳动和资本得到最大化利用，所以他的国际贸易理论被称为地域分工论或绝对成本说。以王永昆（1987年）为例，用英国和法国生产铜和大米来说明，单位产品的投入见表1-1。

表1-1 单位产品投入❶

国家	铜	大米
英国	100 天	200 天
法国	200 天	100 天

绝对成本理论的进步性在于，深刻提出分工对提高生产力的重要意义，首次从生产领域出发说明了国际贸易发生与发展的必然性，阐释了各国根据优势自行分工可以使所有国家通过国际贸易受益；其局限性在于，仅显示出具有绝对优势的国家可以从参与国际劳动分工和国际贸易中受益，所以只说明了国际贸易中的特殊现象，没有普遍意义。

李嘉图是产业革命期间的经济学家，继承并发扬了斯密的绝对成本理论，在1817年出版的《政治经济学及赋税原理》中阐述了比较成本学说。绝对成本理论意味着，贸易双方各有一种产品成本低于另

---

❶ 王永昆. 比较成本论——西方国际贸易理论介评（二）[J]. 国际贸易，1987（2）：46-48.

一方,即各具有绝对优势,经过分工和交换,双方都能得到利益。但是,如果经济不发达国家生产的各种产品的成本较高,即处于劣势,而发达国家处于优势,该情形下,国际贸易是否对双方都有利?李嘉图回答了这个斯密没有说明的问题。

下面用李嘉图在书中一个著名的例子来具体说明:英国生产一定量的毛呢需要100人劳动一年,生产酒需要120人劳动一年,因此输出毛呢输入酒有利;葡萄牙生产同量的毛呢和酒分别需要90人劳动一年和80人劳动一年,因此输出酒输入毛呢有利,见表1-2。

表1-2 不同产品的成本

国家	毛呢（x）	酒（y）
英国	100人/年	120人/年
葡萄牙	90人/年	80人/年

比较成本结果,葡英间毛呢和酒成本比例分别是:

$$\frac{90 \text{人}/\text{年}}{100 \text{人}/\text{年}} = 0.9; \quad \frac{80 \text{人}/\text{年}}{120 \text{人}/\text{年}} = 0.67$$

可以看出,葡萄牙两种产品的成本均低于英国,毛呢成本为英国的0.9,酒的成本为英国的0.67,这两种产品均具有优势,两相比较,酒的成本最低,优势最大;相反,英国由于生产成本高,处于劣势,但两相比较,毛呢成本高得少,所以应分工生产毛呢,交换葡萄牙生产的酒。以上是"择优汰劣"劳动分工和贸易原则。

比较成本理论的科学性质在于它揭示了客观规律,可称为比较成本定律。它从实证经济学的角度证明,生产率高或低的国家可以根据比较优势的思想,通过参与分工和贸易来获得实际利益。在各自生产要素投入量不变的情况下,参与国际分工和国际贸易比不参与能得到更多的产品或物质财富,这个产品量的增加带来的消费水平的提高受益于国际分工和国际贸易。这个理论证明了世界各国参与国际劳动分工和国际贸易的必要性,一百多年来已经成为西方国际贸易的核心理论。

绝对优势理论和比较优势理论一直占据着国际贸易理论的主导地位,直到赫克歇尔和俄林的H-O理论(又称要素禀赋理论)出现。

事实上，这两类理论并没有直接讨论产品的要素密集度，主要讨论的是劳动生产率差异所带来的国际贸易。H-O理论最先由赫克歇尔提出，由俄林进一步发展，后又经过勒拉（A. P. Lerner）和里昂惕夫（M. M. Leontief），尤其是萨缪尔森（Samuelson）等人的努力，所以又被称为H-O-S理论。该模型所阐释的经济学含义在于：由于技术的相对刚性，不同的产品具有不同投入的生产要素；同时，不同国家拥有不同的要素禀赋，一国生产的商品会更密集地利用其更丰富的生产要素，在国际贸易中可以获得比较优势和分工收益。可见，该理论中，生产要素密集度作为一个重要概念并承担逻辑推演的关键作用❶，这一理论所对应的均衡贸易模式为：每个国家将出口能利用其丰裕生产要素的商品，而进口较密集使用其稀缺生产要素的商品。由此可以看出，H-O-S模型将贸易的最终原因归结为一国的要素禀赋，而同一产品具有相对不变的要素密集度及不同产品具有不同的要素密集度是整个逻辑链条中的关键一环。作为对现实经济的一种有选择的抽象，H-O-S模型是建立在一系列的假定基础上的，当现实条件与这些假设相偏离时，该理论就遇到了现实的挑战，比如里昂惕夫之谜。里昂惕夫在1953年提出该悖论：第二次世界大战后的美国被认为在资本方面具有优势，根据H-O理论，美国应出口资本密集型产品并进口劳动密集型产品；但里昂惕夫用投入产出法对战后美国外贸结构进行分析后发现，美国进口了资本密集型产品，出口了劳动密集型产品，与H-O理论不符。当然，对里昂惕夫之谜有许多不同的解读，但新出现的贸易特征，如产业内贸易急剧上升、跨国公司迅猛发展，其影响之大，已成为国际贸易领域中不可忽视的现象；发达国家之间以及发达国家与发展中国家之间的国际分工格局变得日益复杂等新的事实都很难被H-O理论所解释。于是，新贸易理论出现了，该理论主要包括产业内贸易理论、战略性贸易理论和新贸易政治经济理论，其中要素密集度逻辑主要与产业内贸易理论相关。

---

❶ 黄桂田，等. 中国制造业生产要素相对比例变化及经济影响［M］. 北京：北京大学出版社，2012：7-8.

产业内贸易是指具有相似要素密集度（Similar Factor Intensity）的产品之间的交换，其"纯粹"的情形是"完全的产业内产品"（Perfectly-intra industry Goods），即在给定价格水平下，贸易产品具有完全相同的要素密集度（Identical Factor Intensity）。在理论建模方面主要体现为对生产函数的设定：要么采用单一要素的生产函数，要么用同一生产函数来表示同一产品的所有品种。由此可以看出，H-O理论与产业内贸易理论具有互补关系：前者研究具有不同的要素密集度的产品贸易，而后者研究具有相同或相似要素密集度的产品贸易。产品内贸易理论认为，现实中产品生产的各个环节是在不同地域完成的。最初的研究主要集中于分析垂直两阶段的生产结构，即引入中间产品生产，并进行相应的福利分析。Dixit 和 Grossman 将生产的两阶段扩展为多阶段，由此解释为何中间产品在各个生产阶段能够不断地实现增值❶。在多阶段生产分析框架下，产品内分工可以采用如下定义：产品的生产过程分离为两个或两个以上的阶段并在不同地点完成。产品内分工也可以用生产要素密集度来说明：产品在各个生产阶段上的要素密集度不同，各国应根据自己的要素禀赋选择有利于发挥其比较优势的生产环节，即劳动丰富的国家占据劳动密集型生产环节，资本和技术丰富的国家从事资本和技术密集型环节的生产（Dixit 和 Grossman，1982）。Vernon 的产品生命周期理论清晰地表达了这一思想：在产品生命周期的三个阶段中，创新阶段具有技术密集型特征，由技术相对丰裕的国家承担；成熟阶段具有资本密集型的特点，由资本相对丰裕的国家承担；标准化阶段表现为劳动密集型，由劳动相对丰裕的国家承担❷。

由此可以看出，要素密集度在决定产业间贸易及产业（品）内贸易时具有重要作用，比较合理的全球贸易及分工模式是，各国根据自己的要素禀赋选取具有比较优势的产品生产方式。

---

❶ Dixit A K, Grossman G M. Trade and protection with multistage production [J]. The Review of Economic Studies, 1982, 49 (4): 583-594.

❷ Vernon R. International investment and international trade in the product cycle [J]. Quarterley Journal of Economics, 1966 (80): 190-207.

同时，生产要素密集度是一个相对的、动态的概念。一方面，生产要素的外延在不断扩大，且它们的地位也在不断发生变化；另一方面，技术的发展以及各种生产要素不同的积累速度会改变一个国家的要素禀赋及产品的要素密集度。要素密集度的改变主要有两个原因：一是技术进步；二是各要素的相对积累速度。技术进步大致可以分为中性技术进步、节约劳动的技术进步及节约资本的技术进步。前一种技术进步不会改变生产中投入的资本劳动比例，后两种技术进步会改变生产要素的密集度，分别使劳动与资本变得相对充裕。

各要素的相对积累速度是影响要素密集度的另一原因。有关要素积累的讨论更多地在经济增长分析框架内进行。如在新古典增长理论中，Oniki 和 Uzawa 讨论资本积累速度对资本－劳动比率的影响，以及它所致的相对价格的变动及生产专业化、贸易模式的调整❶。研究表明，在劳动密集型产品的生产中，平均储蓄倾向较低的国家具有比较优势。与资本积累相对应，Findlay 强调人口增长对均衡的资本产量比的影响，认为人口增长速度过快在短期及长期内将降低资本产量比❷。另外一些研究则引入其他的生产要素进行分析，如 Bond 等引入人力资本，发现各要素的积累在长期中是不确定的，得到的结论与要素积累遵循的"路径依赖"不一致❸。值得一提的是，一些学者试图对要素密集度变化的内在机制进行模型化，如 Krugman 将其归因于"干中学"❹，杨小凯将其归因于个人理性决策下的专业化分工。在 21 世纪，关于比较优势的理论研究呈现出多元化的趋势。但是，各种理论和分析方法都与要素禀赋理论密切相关，并从相对优势和劣势的角

---

❶ Oniki H, Uzawa II. Patterns of trade and investment in a dynamic model of international trade [J]. The Review of Economic Studies, 1965, 32 (1): 15 – 38.

❷ Findlay R. Factor proportions and comparative advantage in the long run [J]. The Journal of Political Economy, 1970, 78 (3): 27 – 34.

❸ Bond E W, Trask K, Wand P. Factor accumulation and trade: dynamic comparative advantage with endogenous physical and human capital [J]. International Economic Review, 2003, 44 (3): 1041 – 2060.

❹ Krugman P. The narrow moving band, the Dutch disease, and the competitive consequences of Mrs Thatcher: notes on trade in the presence of dynamic scale economies [J]. Journal of Development Economics, 1987, 27 (1 – 2): 41 – 45.

度分析了要素、产品、产业、市场和其他决定因素以及影响因素对比较优势的贡献。通常，随着要素禀赋结构的改进和技术进步，比较优势不断发展（Balassa，1965）❶。随着经济发展，各国比较优势并非一成不变。因此，一个国家必须改善其要素禀赋特征，以升级其产业，提高其国际竞争力并增强其比较优势。

第三节 产业升级理论

产业升级是工业化和经济发展的主要内容，是指产业从低水平、低劳动生产率和低附加值经济状态向高水平、高劳动生产率和高附加值经济状态的发展变化过程。国外学者 Gereffi（1994）❷ 在东亚纺织链的研究中对全球生产网络背景下产业升级过程中的产业进行了深刻分析，认为发展中国家本地公司在选择性组装时，买方驱动链在整个生产过程中"进口备件→独立设计产品→自行开发→自主品牌产品"的快速升级途径，沿着"组装加工→贴牌生产→自主设计制造→构建自有品牌"发展之路。Humphrey 和 Schmitz（2000）指出，产业升级的路径是"工艺升级→产品升级→功能升级→部门升级或产业间升级"❸。Ernst（2001）将产业升级方式划分为产业间升级、要素间升级、需求升级、功能升级及链式升级❹。

在借鉴国外学者研究成果的基础上，国内学者也对产业升级的路径问题进行了深入分析。李娜等（2012）认为，产业升级是产业结构

---

❶ Balassa B. Trade liberalization and revealed comparative advantage [J]. Manchester School of Economic and Social Studies, 1965 (33): 99 – 123.

❷ Gereffi G. International trade and industrial upgrading in the apparel eomrnodity Chain [J]. Journal of International Economies, 1994, 48 (1): 37 – 70.

❸ Humphrey J, Schmitz H. Governance and upgrading: linking industrial cluster and global value chains research [R]. IDS Working Paper, No. 12, Institute of Development Studies, University of Sussex, 2000: 1 – 56.

❹ Ernst D. Global production network and industrial upgrading – knowledge – centered approach [R]. East – Wester Center Working Paper: Economic Series, 2001: 1 – 26.

升级或主导产业转型的过程❶。该理论的实质是"雁行模式"理论和主导产业替代理论的延伸,本质仍然是要素比较优势的路径演变和动态转化。黄永明等(2006)对嵌入全球价值链的中国纺织服装企业面临的升级障碍和路径选择进行了深入研究,提出了基于技术能力、市场扩展能力以及技术与市场相结合的三种企业升级路径。其中,基于技术能力的企业升级路径的适用条件和对象分别是"强大的技术研发能力"和"丰富的企业加工制造经验"。基于市场扩展能力的企业升级路径的适用条件和对象分别是"强大的渠道(物流)和品牌建设能力"和"强大的品牌声誉和丰富的国际市场开发经验"。基于技术与市场相结合的企业升级路径的适用条件和目标分别是"强大的资本积累、研发、渠道和品牌管理能力"和"企业已深入全球产业链和价值链,强大的技术研发能力和市场拓展能力"❷。张其仔(2008)认为Humphrey、Schmitz 和 Ernst 提到的产业升级都是线性升级,但是一个国家和地区的产业升级是线性形式或非线性形式,一般通过其比较优势的演化路径,并由于其产业结构的差异而呈现出不同的演化路径。他认为,产业在升级过程中可能会分岔,这表现为产业内和产业间升级的交集。非线性产业升级有两种:产业内升级优先分岔和产业间升级优先分岔。产业内优先升级分岔,就是优先实行产业内升级,当产业内升级达到一个高的水平后,再跳入另一个产业,实现产业间升级。当一个国家产业内升级达到较高水平时,在产业间升级中就可以跳入一个较高的位置。产业间升级优先分岔则是指,优先实现产业间升级,在实现产业间升级后,再实现产业内升级。❸ 朱卫平等(2011)通过采用理论与实证研究相结合的方法来分析产业升级的内涵,然后对广东产业升级的发展进行理论分析得出,产业结构高度化、

---

❶ 李娜,王飞. 中国主导产业演变及其原因研究:基于 DPG 方法 [J]. 数量经济技术经济研究,2012(1):19-21.

❷ 黄永明,何伟,聂鸣. 全球价值链视角下中国纺织服装企业的升级路径选择 [J]. 中国工业经济,2006(5):56-63.

❸ 张其仔. 比较优势的演化与中国产业升级的路径选择 [J]. 中国工业经济,2008(9):58-64.

加工程度高度化、价值链高度化三种模式，理论和经验成果证明，未来广东产业升级的重点是加工程度高度化❶。丁志国等（2012）使用空间面板模型对中国经济增长的核心驱动力以及产业升级的方向和路径选择进行了详细研究，认为固定资产投资是驱动第三产业发展的有效动力。与第二产业相比，技术进步是推动中国经济可持续增长的核心动力❷。因此，产业升级就是由先期要素配置结构主要源于初级生产要素的低级主导产业形态向后期要素配置结构主要源于高级生产要素的高级主导产业形态转变的过程❸。

从上述研究可以看出，经济发展的永恒主题是产业升级。根据国家产业升级的经验，虽然产业升级的不同阶段有不同主导因素，但从经济发展要素的构成要求上讲，主要涉及初级和高级两种要素。前者一般是指简单的劳动力、物质资本、土地和自然资源；后者一般是指技术、信息、网络、管理经验等。在发展战略上，基于比较优势的产业升级是低水平优势的基础，而竞争优势和先发优势一般体现为高级要素配置结构的变革与演化，竞争优势和先发优势反映了通常高级元素的配置变化和结构的演变。产业升级一般是指区域或企业从低级产业向高级产业的演进过程，即产业结构的提升。一些学者认为，在全球化和世界经济一体化的背景下，资本和技术知识的跨国流动趋于频繁，比较优势理论已失去其实际意义。遵循比较优势理论将导致产业结构陷入"比较优势陷阱"（洪银兴，1997）❹。在发展中国家，经济学家一直争论的问题是产业升级应遵循比较优势战略还是反向比较优势战略。20世纪70年代以后，进口替代战略的失败促使经济学家更多地考虑通过比较优势来升级产业结构。以林逸夫为代表的国内学者

---

❶ 朱卫平，陈林. 产业升级的内涵与模式研究——以广东产业升级为例［J］. 经济学家，2011（2）：60-62.

❷ 丁志国，赵宣凯，苏治. 中国经济增长的核心动力——基于资源配置效率的产业升级方向与路径选择［J］. 中国工业经济，2012（9）：18-25.

❸ 韩江波，李超. 产业演化路径的要素配置效应：国际案例与中国选择［J］. 经济学家，2013（5）：39-49.

❹ 洪银兴. 从比较优势到竞争优势——兼论国际贸易的比较利益理论的缺陷［J］. 经济研究，1997（6）：20-26.

（林毅夫、蔡昉、李周，1994、1999；林毅夫、孙希芳，2003；林毅夫、李永军，2003）提出了发展中国家经济发展的比较优势战略❶，指出通过要素禀赋的变化可以实现从劳动密集型到资本密集型再到技术密集型的产业升级，从比较优势的角度来看，林毅夫（1999）认为产业结构和技术结构的升级是经济发展过程中的内生变量和经济中资源禀赋结构变化的结果，不同的产业结构和技术结构必须与相应的投入结构保持一致，而投入要素的相对价格则受制于本国的禀赋结构。对于发展中国家而言，不断的技术进步不是通过对科学研究的投资或人力资本的积累而实现的，而是通过在选择产业结构和技术结构时向发达经济体学习而实现的。张幼文（2005）提出"新开放观"，认为在全球经济中，中国发展战略的重点应该是转变要素结构，通过培育、购买等方式形成稀缺要素，发挥优势，从而改变其全球地位和利益分配状况❷。有几个关键点：第一，培育代表前沿产业的核心要素，而不是传统产业的低层次要素和供给过剩。第二，应该培育这些因素并将其提供给市场，而不是直接针对这些因素密集型产业，因为市场将指导这些因素的使用。在培育稀缺因素时，树立制度竞争的观念，并为稀缺因素的成长和利用创造环境。第三，改变基于比较优势和要素优势的传统思想，建立基于要素培育和流动性的稀缺要素发展思想。此外，在要素培育方面，国家和企业应承担不同的责任，基本要素应由国家承担，而技术要素应由企业承担。华民（2006）质疑张幼文的"新开放观念"，认为如果要改变劳动分工，那么存量禀赋结构就需要更改❸。要素禀赋结构决定了生产和出口的结构。但是，即使

---

❶ 林毅夫，蔡昉，李周. 比较优势与发展战略——对"东亚奇迹"的再解释 [J]. 中国社会科学，1999（5）：4-20，204.
　林毅夫，孙希芳. 经济发展的比较优势战略理论——兼评《对中国外贸战略与贸易政策的评论》[J]. 国际经济评论，2003（6）：12-18.
　林毅夫，李永军. 比较优势、竞争优势与发展中国家的经济发展 [J]. 管理世界，2003（7）：21-28，66.
❷ 张幼文. 从廉价劳动力优势到稀缺要素优势——论"新开放观"的理论基础 [J]. 南开大学学报，2005（6）：1-8，61.
❸ 华民. 我们究竟应当怎样来看待中国对外开放的效益？[J]. 国际经济评论，2006（1-2）：41-47.

要素禀赋结构相同的国家,由于要素禀赋的专业化和分配效率的差异,也具有许多比较优势。实际上,要素禀赋结构的分配和效率是发展方式转变的过程❶。随着中国进入中等收入国家水平,原来的劳动力成本优势不再存在,中国逐渐将技术引入技术创新时期,技术的可用性和不确定性大大增加。从生产要素的输入驱动到效率增长的驱动,要素禀赋的分配需要发挥市场机制的作用,继续关注制造业带来的优势,促进中国企业紧跟技术变革和生产效率。若一种产业经济形态实现从低层次到高层次的演变,意味着相应的产业发展战略实现从基于初级要素为主要要素配置结构的比较优势和后发优势向基于高级要素为主要要素配置结构的竞争优势和先发优势的演变,这说明产业升级水平的提升、发展路径的优化、升级周期的缩短和演化在不断加快。尽管基于比较优势的产业升级可以在生产中充分利用相对丰富和廉价的生产要素,但很容易导致经济严重依赖发达国家。相反,基于竞争优势的产业升级侧重于技术进步,通过自主创新来培育核心竞争力,从而不断提升其在国际产业链、价值链和分工中的地位,实现高端发展。国际经验表明,从基于比较优势的产业升级到基于竞争优势的产业升级的转变,不仅是工业和经济发展的必然阶段,而且是判断一个国家或地区的工业和经济发展的重要标志。

基于产业升级的落后优势是利用简单的劳动力、廉价的土地和丰富的自然资源,通过模仿,引进新技术的开发,降低产品成本和减少市场风险,以及依靠新兴国家的成功经验减少系统创新和"反复试验"的成本,但很容易在资本、技术、规则等方面存在严重的资源成本、环境限制和生态约束,因此时间一长,低端技术道路将陷入贫困的陷阱和引进→模仿→再引进→再模仿的恶性循环。与此不同,以先发优势为基础的产业升级可以利用技术、知识、信息和知识产权等先进因素,先进入规模收益递增的部门以抢占先机。国际产业链、价值链和分工链以及全球竞争的新格局要求发展中国家以开放自主创新体

---

❶ 冯梅. 上海制造业比较优势演化与转型升级的路径研究[J]. 上海经济研究, 2013, 25 (5): 112 – 120.

系为主导，广泛使用技术、知识、信息等先进要素，并根据其经济发展水平不断提高在国际上的竞争地位，从比较优势向竞争优势和先发优势转化，带动劳动力、资本密集型产业向技术、知识、信息、知识产权密集型产业的转变，最终使国家或地区的产业处于世界领先地位。

第四节　熊彼特增长理论

关于创新与经济发展之间关系的讨论已经进行了很长时间。自20世纪50年代以来，相继出现了两种发展理论，这对中国的经济发展模式产生了重要影响。这两个学派分别是新古典增长理论（Neoclassical Growth Theory）和熊彼特增长理论（Schumpeterian Growth Theory）。根据新古典增长理论，经济增长源于外源技术进步带来的储蓄和投资水平的提高（Solow，1956）❶。在自由竞争的前提下，新古典增长理论强调财产权和私有财产权的保护，从而促进了企业家的出现。它强调了市场的调节作用，即市场的供给自动产生需求，从而确保足够的总需求并实现平衡的经济增长（Solow，1956），强调改善劳动质量对经济发展的贡献（Lucas，1988）❷。此外，在新古典增长理论基础上发展的专业化模型将专业化划分作为促进经济发展的另一重要驱动力（Romer，1987）❸。基于对新古典增长理论的分析，发展中国家不仅应在经济发展中依靠资本和劳动力的增长，而且应逐步提高其技术水平并投资于研究和开发活动以及高等教育。但是，新古典增长理论也有明显的缺陷。首先，该理论将技术进步视为经济增长的外生变量，无法进一步解释影响技术进步的因素，因此无法提出改善技术进步的

---

❶ Solow R M. A contribution to the theory of economic growth [J]. The Quarterly Journal of Economics, 1956, 70 (1): 65 – 94.

❷ Lucas R E. On the mechanics of economic development [J]. Journal of Monetary Economics, 1988, 22 (1): 3 – 42.

❸ Romer P. Growth based on increasing returns due to specialization [J]. The American Economic Review, 1987, 77 (2): 56 – 62.

政策建议和有效指导（Witt，2002）❶。其次，新古典增长理论在对均衡增长进行分析的基础上，得出不同国家的经济增长相似的结论，无法解释不同国家之间经济增长率的差异。最后，新古典增长理论强调自由竞争和市场调节的作用，并在某种程度上否认政府的作用，即政府在适当干预经济中的作用。但是，几次经济危机的经验证明，自由市场经济无法自动从危机中恢复过来，需要政府的帮助。因此，人们开始质疑新古典增长理论在经济发展实践中的适用性。

20世纪90年代，以罗默（Romer）（1990）为代表的一些经济学家在动态一般均衡框架下将创新、研发与内生经济增长联系起来❷，提出了内生研发与创新促进经济增长的作用机制，这为熊彼特增长理论奠定了基础。严成樑和龚六堂（2009）❸借鉴了Dinopoulos（2006）、Dinopoulosand Sener（2007）的研究成果，指出熊彼特增长理论具有两个特征：①内在的研发和创新是促进技术进步和经济增长的决定性因素；②企业投资于研发和创新以获得垄断利润。这种增长理论完全符合熊彼特（1942）的思想，即经济增长需要通过内生的新产品❹、新方法实现。

熊彼特增长理论在20世纪90年代持续发展，其中Segerstrom等（1990）、Grossman和Helpman（1991）、Aghion和Howitt（1992）进行了开拓性的工作❺。熊彼特增长理论的核心特征是"内生的研发

---

❶ Witt U. How evolutionary is Schumpeter's theory of economic development？[J]. Industry and Innovation，2002，9（12）：7–22.

❷ Romer P. Endogenous technological change [J]. Journal of Political Economy，1990，98（5）：71–102.

❸ 严成樑，龚六堂. 熊彼特增长理论：一个文献综述 [J]. 经济学（季刊），2009，8（3）：1163–1196.

❹ Schumpeter J. Capitalism，Socialism，and Democracy [R]. New York：Harper and Row，1942：67–68.

❺ Segerstrom P，Anant T，Dinopolous E. A Schumpeterian model of the product life cycle [J]. American Economic Review，1990，80（5）：1077–1091.

Grossman G，Helpman E. Quality ladders and product cycles [J]. Quarterly Journal of Economics，1991（106）：557–586.

Aghion P，Howitt P. A model of growth through creative destruction [J]. Econometrica，1992（60）：323–351.

和创新是促进发展的决定性因素"。熊彼特增长理论强调创新、研究与开发以及知识积累在促进技术进步和经济增长中的重要作用。因此，该理论也被称为基于研发、知识、创新和意识形态的增长理论。熊彼特增长理论强调的经济增长机制是制造商不断增加研发支出以获得垄断利润，增加了知识储备，从而促进了技术创新，进一步促进了新产品和新方法的产生，实现了经济增长。因此，熊彼特增长理论通过以下关系来强调经济增长的作用机制：垄断利润→R&D 支出→知识存量增长→技术创新→新产品（新方法）→经济增长。

从亚当·斯密的《国富论》开始，人们开始关注工业文明增加人均收入（即使人们变得更富裕）的能力和理由，人们已经明白：专业化技术的进步可以使人们变得更加富裕。然而，如何通过数学模型来推论和证明这一结论困扰着几代经济学家，因此它已经成为一个古老且难以证明的猜想❶。保罗·罗默是 2018 年诺贝尔经济学奖得主，他试图在他的 1990 年模型中解决这一猜想，该模型也被称为产品品种增加模型。保罗·罗默的模型包括家庭→最终产品企业→中间产品企业研发套利一般均衡→均衡增长路径过程，如图 1-1 所示，在该模型中，中间产品企业解释了知识的溢出，一个实际的例子是汽车属于最终产品，但汽车需要中间企业生产的组件。例如，企业家需要购买大量设备进行实验，而这个实验和实验成本是创新的创造成本，因为创新需要成本（这里指创造成本），也就是说，每个中间产品都不是平白无故出现的，而是通过企业家的努力而产生的。企业家的努力（或称为创意成本）是需要成本的，所以这需要创新的私有产权保护以及对知识产权制度的保护，如果任由其他企业随便效仿，创新的利润就会减少，因此不利于创新。相反，创新的私有财产保护（例如通过专利制度）确保企业家可以获得垄断利润，这些利润用于支付创新成本（即 R&D 成本，新技术研发成本）。因此，可以保持源源不断的

---

❶ 何其春. 人类持续变富的解密——2018 年诺贝尔经济学奖得主 Paul Romer 的贡献[J]. 中央财经大学学报，2018（12）：119-125.

技术创新，从而增加产品种类或提高产品质量，这就是长期经济增长的本质（何其春，2012）❶。该模型的相关结论如下：①完全竞争市场带来的增长不是最优的，而垄断竞争是必要的。只有确定和保护了产权，市场才能充分发挥其作为分配机制的作用。如果没有保护专利、版权、商标等知识产权的系统，人们就会任意模仿，从而对创新产生较少的激励，并减缓经济增长；②由于知识的溢出效应和专利的垄断性，政府干预是必要的。政府可以通过向研究人员、中间产品的购买者和最终产品的生产者提供补贴来提高经济增长和社会福利❷。在这个层面上，保罗·罗默的内生增长模型的关键基本假设是财产权和自由的制度保护❸，这已经成为现代市场运作的基本要素。

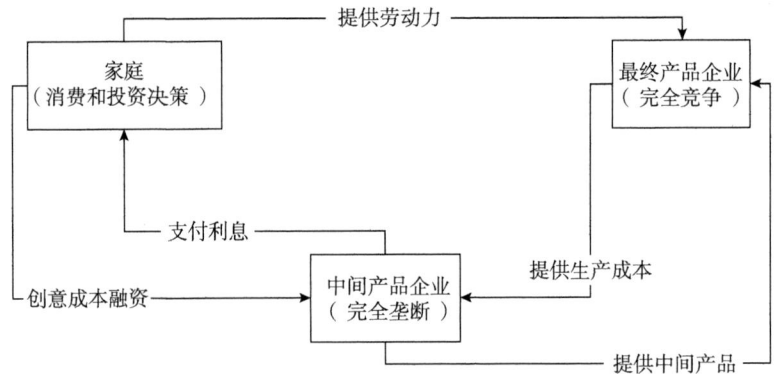

图 1-1 罗默模型中知识产权要素的作用

实际上，根据 Romer（1994）❹ 的观点，熊彼特增长理论可以同时满足经济增长的五个基本特征，而其他类型的增长理论只能部分满足这些特征。熊彼特增长理论为调查创新、模仿和保护知识产权对经

---

❶ 何其春. 税收、收入不平等和内生经济增长 [J]. 经济研究，2012 (2)：4-14.
❷ 张建华，刘仁军. 保罗·罗默对新增长理论的贡献 [J]. 经济学动态，2004 (2)：77-79.
❸ Romer P. Increasing returns and long-run growth [J]. Journal of Political Economy, 1986, 94 (5)：1002-1037.
❹ Romer P. The origins for endogenous growth [J]. Journal of Economic Perspective, 1994, 8 (1)：3-22.

济的影响提供了重要的分析框架。Kwan 和 Edwin（2003）❶、Iwaisako 和 Futagami（2003）❷ 等认为，加强知识产权保护可以增加创新回报，并增强企业创新的动力。因此，企业将投入更多的研发资金进行创新，从而促进经济增长。许多先前的研究指出，专利在鼓励创新、产品开发和技术变革方面可以发挥重要作用（Ginarte 和 Park，1997；Idris，2003）❸。Maskus 和 McDaniel（1999）研究了日本专利制度（JPS）对第二次世界大战后日本技术进步的影响，在 1960—1993 年实施的 JPS 明显起到了鼓励渐进式和适应性创新以及将技术知识传播到经济中❹。此外，从国际贸易的角度来看，Chu 和 Peng（2011）发现，加强专利保护可以通过采用基于两国研发的增长模式来促进经济增长❺。具体来说，许多研究人员讨论了跨国转让技术的相互依存的渠道，例如国际货物和服务贸易、与跨国企业的外国直接投资以及技术和商标的合同许可（Mansfield，1994；Maskus 和 Penubarti，1995；Park 和 Lippoldt，2008；Awokuse 和 Hong Yin，2010）❻。在这些研究

---

❶ Kwan F, Edwin L. Intellectual property rights and endogenous economic growth ［J］. Journal of Economic Dynamics and Control, 2003, 27（5）：853－873.

❷ Iwaisako T, Futagami K. Patent policy in an endogenous growth model ［J］. Journal of Economics, 2003, 78（3）：239－258.

❸ Ginarte J C, Park W G. Determinants of patent rights：a cross－national study ［J］. Research Policy, 1997, 26（3）：283－301.

Idris, K. Intellectual property：a powerful tool for economic growth ［M］. Geneva：World intellectual property organization, 2003：45－47.

❹ Maskus K E, McDaniel C. Impacts of the Japanese patent system on productivity growth ［J］. Japan and World Economy, 1999, 11（4）：557－574.

❺ Chu A C, Peng S K. International intellectual property rights：effects on growth, welfare and income inequality ［J］. Journal of Macroeconomics, 2011, 33（2）：276－287.

❻ Mansfield, E. Intellectual property protection, foreign direct investment, and technology Transfer ［C］. Discussion Paper, 19, International Finance Corporation, Washington D. C. , 1994.

Maskus K E, Penubarti M. How trade－related are intellectual property rights? ［J］. Journal of International Economics, 1995, 39（3－4）：227－248.

Park W G, Lippoldt D C. Technology transfer and the economic implications of the strengthening of intellectual property rights in developing countries ［J］. OECD Trade Policy Papers, 2008, 3（11）：4－40.

Awokuse T O, Hong Yin. Does stronger intellectual property rights protection induce more bilateral trade? evidence from China's imports ［J］. World Development, 2010, 28（8）：1094－1104.

中，发达国家在创新驱动下一直主张加强专利保护，特别是在市场扩张的情况下。然而，大多数发展中国家试图在加强专利保护和支持国内产业之间找到最佳平衡点（Walter 和 Douglas，2010）❶。另外，知识产权制度研究者发表了一些负面的观点。Mazzoleni 和 Nelson（1998）回顾了专利权与经济发展关系的理论，他们发现，加强专利保护可能会阻碍而不是刺激技术和经济进步❷。Janjua 和 Ghulam（2007）还提供了证据，证明专利制度不一定有助于中等收入发展中国家的经济增长，例如巴基斯坦❸。强有力的专利保护可能导致通货膨胀压力、失业和支付失衡，减少知识溢出，提高商业和创新成本。事实上，专利保护在经济发展中的有效性在很大程度上取决于选定国家的具体情况。虽然研究人员对这个问题投入了更多的注意力，但数据中的证据是支离破碎的，而且有些矛盾，部分原因是涉及的许多概念不容易衡量（Maskus，2010）❹。一方面，知识产权保护程度的提高降低了新产品被模仿的可能性，提高了创新的回报率，从而促进了经济增长；另一方面，知识产权保护减少了完全竞争的部门，这对创新和经济增长产生了负面影响。因此，知识产权保护程度与经济增长率之间存在倒 U 形关系。即便如此，以往的研究还是过于强调各国是否应该加强专利保护，而不是将研究视角转向讨论专利的实际经济影响。

新熊彼特增长理论是跨学科的理论体系，是在熊彼特增长理论的基础上发展起来的，并将进化经济学、复杂性科学、系统理论等相结

---

❶ Walter G P, Douglas C L. Technology transfer and the economic implications of the strengthening of intellectual property rights in developing countries [J]. OECD Trade Policy Working Paper No. 62, 2010: 1–51.

❷ Mazzoleni R, Nelson R R. The benefits and costs of strong patent protection: a contribution to the current debate [J]. Research Policy, 1998, 27 (3): 273–284.

❸ Janjua P, Ghulam S. Intellectual property rights and economic growth: the case of middle income developing countries [J]. The Pakistan Development Review, 2007, 46 (4): 711–722.

❹ Maskus K E. Intellectual property rights and economic development [EB/OL]. (2010–09–10) [2020–03–05]. http://heinonline.org/HOL/Page?handle=hein.journals/cwrint32&div=28&g_sent=1&casa_token=&collection=journals.

合（颜鹏飞和汤正仁，2009）❶。以 Romer（1986）、Aghion 和 Howitt（1992、1998）、Nelson 和 Winter（1982）、Lucas（1988）为代表的新熊彼特增长理论分析和构建了企业战略体系的合适视角。熊彼特增长理论和新增长理论认为内生的技术进步可确保经济的可持续增长和发展，强调企业家和企业家精神是创新的主体（Aghion 和 Howitt，1992）❷，并探讨了创新主体与功能之间的关系（Hanusch 和 Pyka，2007）❸，考虑具有不同特征的经济体所具有的不同经济发展路径（Nelson 和 Winter，1982）❹，描述了创新以及由问题引起的不确定性，政府应发挥积极作用（Aghion 和 Howitt，2006）❺。新熊彼特增长理论不仅在一定程度上弥补了新古典增长理论的不足，揭示了经济增长率差异的原因，解释了经济持续增长的可能性，而且进一步发展了熊彼特增长理论。根据新熊彼特增长理论，企业的核心竞争力可以通过产生知识的学习过程来实现，即"组织学习"（Levitt 和 March，1988；March，1991）❻。因此，在新熊彼特增长理论中，知识是一种重要的资源，学习则是一种重要的经济变量，而经济可以通过知识的积累和学习实现持续增长（Lundvall 和 Johnson，1994）❼。因此，在新熊彼特增长理论中，知识是重要的资源，学习是重要的经济变量，经济可以实现通过知识积累和学习实现持续增长（Lundvall 和 Johnson，1994）。新熊彼特增长理论强调了企业家作为经济增长的微观基础的重要作用。这是因为只有企业家才能实现新生产要素的结合，新物质

---

❶ 颜鹏飞，汤正仁. 新熊彼特理论述评［J］. 当代财经，2009（7）：116 – 122.

❷ Aghion P, Howitt P. A model of growth through creative destruction［J］. Econometrica, 1992, 60（2）：323 – 351.

❸ Hanusch H, Pyka A. Principles of neo Schumpeterian economics［J］. Cambridge Journal of Economics, 2007, 31（2）：275 – 289.

❹ Nelson R R, Winter S G. An Evolutionary Theory of Economic Change［M］. Boston: Harvard University Press, 1982：37.

❺ Aghion P, Howitt P. Joseph Schumpeter lecture appropriate growth policy: a unifying framework［J］. Journal of the European Economic Association, 2006, 4（2 – 3）：269 – 314.

❻ Levitt B, March J G. Organizational learning［J］. Annual Review of Sociology, 1988, 14（1）：319 – 338.

❼ Lundvall B, Johnson B. The learning economy［J］. The Learning Economy and the Economics of Hope, 1994（1）：107.

的生成，新生产力的裂变。企业家的创新精神是创新的动力，这使得企业家敢于将新发明引入经济组织。因此，企业家和企业家精神是重构新的创新驱动发展体系的人为动机（Drucker，1985）❶。

新熊彼特增长理论打破了经济增长是平衡且持续发展的结论，认为增长是对现有经济关系的突破，基于创新的不平衡破坏和一种"创造性破坏"（Aghion和Howitt，1992）。在破坏的过程中，创新不断涌现，并创造了窗口的机会，这使得技术后继者有可能赶上甚至超过他们（Lee和Malerba，2017）❷。因此，新熊彼特增长理论强调了新兴产业对一个国家经济增长和发展的重要性。此外，新熊彼特增长理论认为政府应适当干预经济（Nelson，1993）❸。在未知"创造性破坏"制造业的不连续领域中，增长不是自发的，知识和研究与发展的公共产品需要公共部门的干预和指导，以克服市场失灵并打破现有格局，从而重塑接受创新并促进创新合法性形成的社会共识。

除此之外，专利密集型产业不同于传统产业对生产要素需求的单一性，除了知识（技术）要素，资本也是发展专利密集型产业的要素之一，尤其是对高层次人才的教育和重视。资本要素包括物质资本和人力资本，前面已经提到，保罗·罗默将知识和人力资本等生产要素引入经济增长模型，形成内生经济增长模型。他的第二个内生增长模型假设技术进步引发经济增长，市场激励引导内生的技术进步，创新形成的知识商品具有非竞争性（non-rival）和部分排他性（partially excludable）。因此认为不完全非排他性以及不完全独占性能够让知识具有溢出（spillover）效应，非竞争性商品能够不断积累，二者结合能够促进长期收益递增。罗默的观点认定了人力资本在经济发展中的重要作用，并且由于知识和信息的公共属性、知识溢出效应和特殊的

---

❶ Drucker P F. Innovation and Entrepreneurship: Practice and Principles [M]. [S. l.]: Butterworth – Heinemann, 1985: 23 – 25.

❷ Lee K, Malerba F. Catch – up cycles and changes in industrial leadership: windows of opportunity and responses of firms and countries in the evolution of sectoral systems [J]. Research Policy, 2017, 46 (2): 338 – 351.

❸ Nelson R R. National Innovation Systems: A Comparative Analysis [M]. [S. l.]: Oxford University Press, 1993: 45 – 46.

知识产权（专利）垄断，需要政府和公共部门的引导和干预，例如政府可以推出补贴政策❶。企业家进行创新需要成本和资金，通过对与创新相关的私有产权保护（知识产权），带来"特殊垄断"，可以防止创新被不经授权的任意复制和模仿，权利人所获利润可以被用于支付R&D等创新成本，实现持续性的创新。这也体现了知识产权制度存在的重要意义，一定程度上需要垄断竞争的存在，无形产权需要明确并且受到保护，才能使资源配置更加有效。法经济学相关理论体现出产权明晰的作用，根据科斯定理的表述，交易成本不为0的情况下，合法权利的界定是影响资源配置效率的重要因素，政府需要明确产权并且进行有效保护。波特菱形理论也认为，影响一国产业竞争力的原因除了生产要素等四大因素外，还需要重视政府政策的作用。技术创新和市场有效扩大为专利密集型产业的发展提供了双重引擎驱动，相关制度的建立起到了平衡权利人和公共利益、激励创新、资源配置、维护市场秩序的作用。

  同时，专利密集型产业的发展也离不开国家和区域创新体系的构建。一般认为，国家创新能力是一个国家长期发展和创新技术商业化的能力，取决于一国创新基础设施的建设、产业集群中的创新环境和二者之间的关联程度。国家创新体系是一个系统工程，专利密集型产业的形成与国家创新体系息息相关。近年来，我国基础前沿和战略高技术领域不断产出大量重大创新成果，中国综合创新能力大幅提升，2018年居世界第17位❷。一方面，R&D人力和经费投入是专利形成差异的原因之一，从一定程度上影响了专利密度和专利密集型产业的形成；另一方面，政策选择、创新能力等与R&D生产率相关的因素则发挥了更加重要的作用，其中包括知识产权保护程度、产学研协作

---

❶ 张建华，刘仁军. 保罗·罗默对新增长理论的贡献[J]. 经济学动态，2004（2）：77-79.

❷ 孙自法. 中国科技部：2018年国家综合创新能力列世界第17位[EB/OL]. （2019-01-09）[2020-07-06]. http://www.chinanews.com/gn/2019/01-09/8724676.shtml.

以及每个国家的知识"存量"等❶。对于我国等正处于经济转型期的发展中国家,由于市场经济和知识产权成果的形成机制尚未完全成熟,制度因素对创新具有更独特的意义❷。有关国家创新体系的研究可以运用创新体系理论,创新体系是指包括大学、公共研究机构、私营企业等相互作用和交流的关系网络❸。国家创新体系在一定程度上决定了国家的全球竞争力,促进创新资源配置使用,对经济社会发展具有重要影响。研究创新系统主要集中在工程、医药和自然科学领域,这也是专利密集型产业常出现的领域。其中各种创新活动的决定因素可以认为包括如下方面:创造人力资本;新产品市场的形成;明确需求;组织创造和改良,满足新领域创新的需要,增强企业家精神和企业多元化,创建新的企业、研究机构和政策机构;促进不同组织之间的互动学习,建立新制度和制度革新;通过知识产权法、税法或者R&D投资惯例等制度进行激励;创新孵化,为创新提供基础设施、基础设备或者管理支持;资助知识商业化和创新应用;提高相关的创新咨询服务,例如商业信息、法律服务和技术转移等。不过,应当注意上述因素可能随着创新认识的深入而发生变动。组织和制度的相互关系对创新体系而言十分重要,因为法律、规范、惯例和标准等制度或一系列规则环境的存在,组织受到制度的影响和制约,制度在技术变化和创新活动方面起到重要作用。不仅国家层面需要创新体系研究,作为新兴国家的中国存在较强的区域多样性,中国的各省级区域创新体系的研究也可以运用创新体系理论,有效的制度因素可以为我国区域创新绩效产生积极作用,帮助地区取得创新成果,优化我国创新格局❹。

---

❶ Furman Jeffrey L, Porter M E, Stern S. The determinants of national innovative capacity [J]. Research Policy, 2000, 31 (6): 899 – 933.

❷ 吴延兵. R&D存量,知识函数与生产效率 [J]. 经济学, 2006, 5 (4): 1129 – 1156.

❸ Organisation for Economic Co – operation Operation and Development. National Innovation Systems [EB/OL]. [2020 – 07 – 06]. https: //www. oecd. org/science/inno/2101733. pdf.

❹ Kou K. Effects of the Chinese innovation system on regional innovation performance [J]. Technology & Investment, 2018, 9 (1): 36 – 51.

第二章　专利密集型产业的概念研究

第一节　专利密集型产业的内涵研究

一、生产要素的变迁

从生产要素的性质上来说，生产要素有如下几种分类。

1. 初级生产要素和高级生产要素

美国经济学家迈克尔·波特的"钻石理论"指出❶，决定一个国家产业竞争力的因素主要是生产要素、需求条件、相关产业和配套产业以及企业战略、结构、竞争对手的绩效，这四个要素有两个效应，形成"钻石系统"，其中生产要素是"钻石系统"的基础。波特认为，生产要素可以分为初级生产要素和高级生产要素。初级生产要素是指自然资源、气候、地理位置、非熟练工人、资本等，而高级生产要素是指如通信、信息和运输以及受过高等教育的人力和研究机构等现代基础设施。波特还将生产要素分为一般生产要素和专业生产要素。波特认为，初级生产要素变得越来越不重要，而高级生产要素越来越重要，这对于获得竞争优势无疑是重要的。较高的生产要素很难从外部获得，必须由自己创造。如果一个国家想通过生产要素建立强大而持久的产业竞争优势，就必须发展高级生产要素和专业生产要素。如果一个国家的竞争优势基于初级生产要素和一般生产要素，那

---

❶ 迈克尔·波特. 国家竞争优势 [M]. 李明轩，等译. 北京：华夏出版社，2002：45-46.

么它通常是不稳定的。作为一个资源丰富、劳动力廉价的发展中国家，中国应该首先发展劳动密集型产业，这一点在过去的发展中得到了证明❶。但是，进入知识经济时代，一个国家和一个产业的竞争力越来越取决于高级生产要素、专业生产要素及其组合的相互作用。

2. 生产的主客观要素

所谓生产的客观要素是指生产过程中除人类智力以外的生产要素，例如土地、资本和劳动力。所谓生产的主观要素，是指以人类智力为主导的生产要素，例如技能、技术、知识、知识产权等生产要素。这种生产要素有两个特点：首先，它与人体本身密不可分，是人们通过实践逐渐获得的。而且，这种生产要素需要一定的投资，例如研发投资和物质投资。生产的主观要素对经济发展具有间接影响，这可以通过提高客观生产要素的效率来反映。如：土地对经济增长的作用在原始阶段和知识产权经济上都是相同的，不同的是经济增长的效率，同一面积的土地在农业经济阶段只能生产几种粮食，在工业经济和知识经济阶段创造的价值可以满足许多人类生存和发展的需求。其次，它是通过人脑的思维形成的，这与生产的客观要素不同。

3. 生产的主从要素

通过对经济发展阶段生产变化的主导因素进行研究和分析，生产的主导因素从自然→工作→资本→知识→知识产权，变化的轨迹势必会影响经济活动的经济发展阶段的性质，经济活动的经济发展阶段的性质也已从资源密集型经济阶段→劳动密集型经济阶段→资本密集型经济阶段→知识密集型经济阶段→知识产权密集型经济阶段。罗雪尔、加尔布雷斯指出，"不同的生产要素在经济发展的不同阶段或生产的不同部分扮演着不同的角色和地位"。美国著名经济学家丹尼森（Edward. F. Dension）从定量的角度分析了生产要素占主导地位的变化理论❷，阐述了劳动力、资本和技术进步对经济增长的贡献。

---

❶ 厉以宁. 论资本密集型经济和劳动密集型经济在发展中国家现代化过程中的作用[J]. 世界经济, 1979 (6): 5 - 14.

❷ 岳佐华, 李录堂. 生产要素演进规律及其对我国农村经济发展的启示[J]. 中国农史, 2007 (3): 88 - 95.

值得注意的是，经济发展阶段的变化没有明确的时限，但应遵循从量变到质变的渐进规律。在主要生产要素的演变过程中，存在两个或多个"主要生产要素"的"重叠"时期，在此期间很难确定哪个生产要素是真正的主导因素。例如，黄桂田等（2012）指出，通信设备、计算机及其他电子设备制造业在2003年实现了由劳动密集型产业向资本密集型产业的转变，但2005年该行业又重新划归为劳动密集型产业，而通信设备、计算机及其他电子设备制造业又应当被认定为专利密集型产业，在这一产业中，很难分清劳动、资本和知识产权对经济贡献的大小到底是多少。但毋庸置疑，知识产权要素在主导产业中正发挥着越来越大的作用。因此，专利密集型产业是知识产权要素在产业中的重要性不断提高，同其他生产要素一起，逐渐发挥主导作用的产业，其中，应注重本国知识产权要素的培育，使其不受制于人，并提升本国知识产权要素的经济效益。

4. 一般性生产要素和专业型生产要素

生产的一般要素主要是指自然资源、气候、地理条件、非技术和半熟练工人、融资条件等。这种要素具有更广泛的适用性，因此也具有更明显的可替代性。专业和先进的生产要素主要是指现代交通、通信和信息传播的基础设施、技术工人、高等教育设施和人才，特别是适用于特定行业或产品的专门技术和人才。这些元素因具有强大的服务功能和增值能力而成为其所有者创造竞争优势的重要基础。

与通常是自然的普通初级生产要素不同，专业高级要素更多地来自学习、积累或竞争性获取。因此，一个国家的核心竞争力不仅与要素优势有关，而且与吸引、积累和培养先进要素并使之有效地成为创新动力的能力有关。随着国际储备的增加和经济的发展，中国资本要素稀缺的状况得到了明显改善。但是在技术、知识、信息、高技能人才、知识产权等高级专业资源方面，还需要进一步完善。

生产要素对经济增长贡献的构成要素在原始经济、农业经济、工业经济和知识经济中有所不同。在经济发展的每个阶段，生产要素的构成基本相同。但是，由于每个经济发展水平的不同，每个生产要素对经济增长的影响也不同。在经济发展的某个阶段对农业管理的定性分析表明，主要生产要素的构成正在发生变化。它的变化规律是根据经济社会的需求，知识产权逐渐取代了劳动、资本、知识等生产要素，成为经济发展后期的重要生产要素。每个生产要素的变化都有自己的特点。以土地因素为例，它在自然经济中达到变化曲线的峰值，随着经济发展阶段的逐步发展，经过农业经济、工业经济、知识经济直到知识产权经济阶段，该要素对经济增长的影响逐渐减小。而其他三个生产要素——劳动、资本和知识，分别在农业经济、工业经济和知识经济阶段达到顶峰，然后呈下降趋势，形成单峰曲线。在最初的经济阶段，知识产权要素对经济增长的影响很小，随着经济阶段的发展和经济水平的提高，它对经济增长的作用逐渐增强，并在知识产权经济的发展阶段逐渐达到顶峰，如图2-1所示。

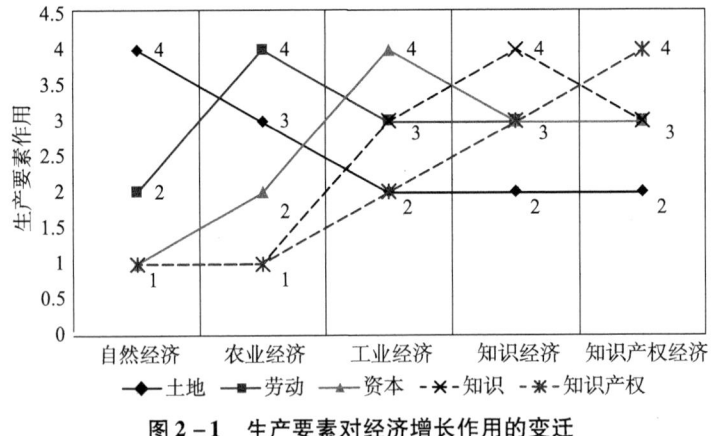

图2-1 生产要素对经济增长作用的变迁

注：图中Y轴数据分别代表：1.0—对经济发展几乎没有作用；2.0—对经济发展作用较小；3.0—对经济发展作用较大；4.0—对经济发展起主导作用。

二、生产要素的流动

近年来，国际贸易领域发生的最有代表性的是与知识产权相关的贸易额的大幅上升。知识产权贸易增长速度大大快于一般商品。在国际贸易中，原料及产成品等初级产品的比例逐年下降，而高新技术及知识、资本密集型产品所占比例迅速上升。国际贸易中涉及知识产权问题的交易越来越多，知识产权在国际市场竞争中的作用越来越重要。在关贸总协定"乌拉圭回合"谈判及确定世界贸易组织总体框架的谈判中,知识产权保护、知识产权范围成为各国特别是发达国家和发展中国家之间广泛争议的焦点,这正反映了知识产权在国际贸易和国际竞争中的作用不断加强。在发达国家中,知识产权方面的摩擦与斗争由来已久,各国把知识产权提高到发展经济技术、加强国际市场竞争力的战略高度,并力图根据自己的比较优势调整知识产权政策,以保护和提高自己的经济技术实力❶。

知识产权的地位主要体现在版权、商标和专有技术在国际贸易和市场竞争中的作用。随着国际贸易内容和方式的不断变化,知识产权的交易已成为国际贸易的重要组成部分。例如,许可是技术贸易中使用最广泛的形式。知识产权所有人可以通过技术许可协议或其他方式,将专利、商标等的使用权转让给技术被许可人,以获得特许权使用费;通过版权许可合同,版权所有者可以获得版权收入。

不同的生产要素具有不同的流动性。张幼文(2007)指出:"资金、技术、管理等因素具有很高的流动性,而一般加工劳动力的流动性非常低。"不同的生产要素完全不同,见表2-1,从自然角度看,货币资本、技术、高端人才、品牌、营销网络、经营管理方式、专利和版权都是高度流动的生产要素,其中货币资本具有最高的流动性。

表2-1 生产要素的流动性差异

生产要素		流动性特征
货币资本	最高	高流动性
技术、高端人才、品牌、营销网络、经营管理方式、专利、版权	较高	
一般劳动力		低流动性
土地、自然资源		完全不流动

---

❶ 周小川,杨之刚,等. 迈向开放型经济的思维转变 [M]. 上海:上海远东出版社,1996:34.

由于生产要素的流动性差异,生产要素表现为流动性高的生产要素向流动性低的生产要素的位置流动,具体体现在以下两个方面。

一方面,高流动性的生产要素,例如货币资本、技术、高端人才、品牌、管理和营销网络,流向低流动性或非流动性生产要素的所在地。而一般劳动力、土地和自然资源,由于流动性较低甚至完全不能流动,只能集中或留在生产要素流动性较低的国家。

由于发达国家中流动性较高的生产要素比较丰富,而发展中国家流动性较低或没有流动性的生产要素比较丰富,所以,生产要素的国际流动主要体现在发达国家向发展中国家的流动。流动性低的国家"已成为顺应经济全球化趋势的因素的聚集地"❶。

另一方面,更多的流动资金容易流向技术、高端人才、品牌、营销网络和知识产权等稀缺要素。货币资金的流动性最高,高于技术、高端人才、品牌、管理方式、营销网络和知识产权等要素的流动性。高流动性生产要素的流动主要反映在技术、高端人才、品牌、管理方式、营销网络和知识产权等要素的资本流动中。由于高度流动的生产要素主要归发达国家所有,所以这种要素流动主要发生在发达国家之间。跨国公司在技术先进的发达国家和水平较高的发展中国家建立海外研发机构,是资本追逐技术和人才等流动性相对较低的生产要素的结果。拥有丰富高端人才的技术和先进技术的国家或地区,往往是发达国家首选投资的目的地❷。

近年出现的新兴经济体对发达国家的投资也反映出高流动性要素内部流动的规律。新兴经济体随着经济的发展积累了一定的货币资本,但是国际性品牌、核心的技术以及在国际市场上的营销网络依然缺乏,为了获取稀缺资源,实现逆向技术溢出,发展中国家的高流动性资本流向发达国家,与其技术、品牌、国际销售渠道等相对流动性

---

❶ 张幼文,梁军. 要素集聚与中国在世界经济中的地位[J]. 学术月刊,2007(3):74-82.

❷ 马飒. 要素稀缺性与收益的国际差异[M]. 上海:格致出版社,2016:62.

更低的生产要素相结合。

国际收支平衡表中的专有权使用费和特许费项目（Royalties and License Fees）的收支状况能反映出技术、品牌和管理等要素的国际分布。根据国际货币基金组织（International Monetary Fund，IMF）的《国际收支统计手册》中的定义，国际收支平衡表经常项目下的专有权利使用费和特许费是指，居民与非居民之间为无形的非生产性资产、非金融资产以及专有权利（商标、版权、专利、工业程序、技术、设计、制造权和分销等）的授权使用而发生的收入与支出。如图2-2所示，2003—2012年美国、法国和英国等发达国家的专有权利使用费和特许费均呈现顺差，特别是美国，2012年的顺差额高达823.11亿美元，而中国均为逆差。不仅如此，中国的逆差额还在不断扩大，2012年中国该项目逆差额为167.05亿美元，相对2011年逆差额增长了19.64%。专有权使用费和特许费项目的国际收支状况说明，技术、专利、品牌和管理等高级要素主要分布在发达国家，因此这些国家成为项目的顺差国，而发展中国家则在这些高级要素上相对稀缺，因而在项目上存在大量逆差。

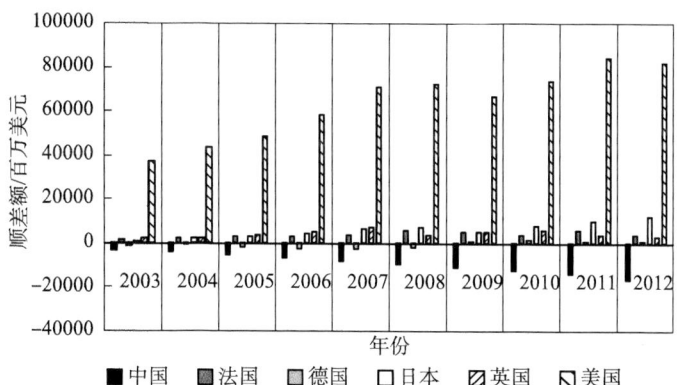

图2-2 2003—2012中国与主要发达国家专有权使用费和特许费顺差额

资料来源：根据UNCTAD数据库原始数据整理计算而得。

以版权贸易为例，根据中国版权局的有关贸易数据[1]，2000—2005年，中国出版社出版的图书的年平均进出口比率为10∶1。自2006年以来，情况略有改善，中国图书版权产量的增长速度提高了。截至2017年，我国输出图书版权已达10670项，引进图书版权为17154项，差距一直在缩小，如图2-3所示。

图2-3 我国引进图书版权和输出图书版权年度对比（单位：项）
说明：根据中华人民共和国国家版权局官网数据绘制而得。

尽管差距在缩小，我国图书版权贸易一直存在逆差，20世纪90年代中期，我国图书版权贸易金额逆差为2000多万美元。从20世纪90年代起，我国图书版权贸易逆差逐年增大，至2013年达到峰值。2008—2014年，我国虽然出口图书数量一直超过进口图书数量，但出口图书金额一直远低于进口图书金额，2014年，我国进口图书数量为977.81万册，进口图书金额为12588.38万美元，出口图书数量为1465.75万册，出口图书金额为5060.59万美元。我国进口音像、电子出版物为134380张（盒），进口音像、电子出版物金额为21000.13万美元，出口音像、电子出版物为20692张（盒），出口音像、电子出版物金额仅为156.46万美元。音像、电子出版物的贸易逆差有进一步加大的趋势。具体数据参见图2-4和表2-2。

---

[1] 版权统计. 中华人民共和国国家版权局［EB/OL］．［2019-01-10］. http://www.ncac.gov.cn/chinacopyright/channels/11228.html.

图 2-4　我国图书和音像、电子出版物进出口金额一览（2008—2014 年）

说明：根据收集的最新数据整理而得。

表 2-2　我国图书和音像、电子出版物进出口数量和金额统计

项目	年份						
	2008	2009	2010	2011	2012	2013	2014
出口图书数量（万册）	653.42	624.84	707.23	855.76	1325.69	1737.58	1465.75
出口图书金额（万美元）	3130.59	2962.03	3232.11	3276.61	4250.09	5216.38	5060.59
进口图书数量（万册）	437.65	533.53	568.57	754.85	743.51	857.89	977.81
进口图书金额（万美元）	8155.24	8316.65	9402.01	11666.91	13707.99	12054.66	12588.38
音像、电子出版物出口数量[张（盒）]	271204	100053	1018687	77091	93448	34136	20692
音像、电子出版物出口金额（万美元）	101.32	61.11	47.16	35.17	33.54	122.43	156.46
音像、电子出版物进口数量[张（盒）]	163822	167428	629542	396287	185646	285070	134380
音像、电子出版物进口金额（万美元）	4556.81	6527.06	11382.7	14134.78	16685.95	20022.34	21000.13

发达国家也在加紧对发展中国家进行布局,以更好地利用发展中国家的优质生产要素。例如,随着跨国公司纷纷在华设立研发机构和开展研发活动,外资企业在华研发投入不断增加,最新数据统计显示,外商投资企业(不包括港澳台商投资企业)2011—2015年平均增速为8.9%,其中中外合资经营企业、中外合作经营企业、外资企业和外商投资股份有限公司分别为10.9%、18.3%、7.3%和1.6%。其中,中外合作经营企业增速较快,为18.3%。值得注意的是,与2000—2004年数据不同❶,内资企业研发经费的平均增速已经高于外商投资企业研发经费的平均增速,本土企业近年来进步明显,见表2-3。

表2-3 内资企业和外商投资企业研发经费情况一览

年份	研发经费/亿元					2011—2015年平均增速
	2011	2012	2013	2014	2015	
内资企业	4497.2	5437.0	6303.3	7103.5	7712.4	14.3%
外商投资企业	936.1	1091.3	1242.9	1298.5	1353.9	8.9%
中外合资经营企业	482.6	576.5	677.7	734.3	746.8	10.9%
中外合作经营企业	8.9	15.7	22.9	20.8	17.0	18.3%
外资企业	376.0	436.0	466.4	472.8	513.0	7.3%
外商投资股份有限公司	67.9	60.2	74.0	68.2	73.3	1.6%

* 资料:《中国科技统计年鉴》2012—2016年。

目前,中国本土企业的创新工作虽然仍由大公司主导,例如,国有企业或国家控股企业的研发投入占到了全国总研发投入的45%、新产品开发投入的44%和技术改造投资的70%,但民营企业的研发机构实力有很大提升,比如华为公司每年在中国大陆的专利申请量,已居世界第一❷。与跨国公司研发机构多年来在人才、技术、专利等方面的竞争与博弈,促进了中国本土创新能力的迅速提升,本土企业的研发机构在致力于本土市场的同时,开始向国外输出新产品和新技

---

❶ 2000—2004年数据表明,内资企业研发经费平均增速为16.4%,外商投资企业研发经费平均增速为33.2%。

❷ 《环球科学》发布2013年度最具影响力十大研发中心[EB/OL].(2014-03-03)[2020-04-10]. http://discovery.163.com/14/0303/16/9ME6FBS200014PMU.html.

术,并且开始以更开放的态度,大胆进军海外,吸纳全球智力资源,服务于全球市场,比如中兴通讯在海外已建立10多家联合创新中心。其中,国家财税对科技创新的扶持作用已初现成果。据初步统计,2015年全国研发经费投入总量为1.4万亿元,比2012年增长38.1%,年均增长11.4%;按汇率折算,我国研发经费继2010年超过德国之后,2013年又超过日本,2015年我国研发经费投入强度(研发经费与GDP之比)为2.10%,比2012年提高0.17个百分点,已达到中等发达国家水平,居发展中国家前列。目前我国已成为仅次于美国的世界第二大研发经费投入国家❶。我国研发经费投入水平的提高为科技创新实现"并跑"和"领跑"创造了有利条件。

  同时,跨国企业也在进行深刻转型。截至2013年,全球500强中已经有超过470家在中国设立了研发中心,这些跨国公司在华研发中心的投入和规模正在逐年扩大。在中国设立的研发机构已成为跨国公司母公司全球研发体系中的重要组成部分,很多跨国企业在华研发中心都已成为除母公司在本国或传统区域研发中心外最大的研发机构,其功能职责已不仅仅是单纯地从母公司引进先进技术,改造为适合中国市场的产品和技术,而是更紧密地和母公司在其他国家或地区的研发中心合作,参与母公司的核心研发任务。随着跨国企业在华研发中心在母公司全球研发体系中的核心地位越发凸显,这些研发中心的角色也开始从"区域化"转向"全球化",承担的研发任务不仅要考虑中国的需求,也要向全球其他地区输出先进技术与产品。而承担研发重任的领军人物,也开始从外籍研发人员向本土研发人员过渡;研究团队则大量出现外籍或有海外背景的人员,智力资源的流向逐步从单向转入双向。

  《环球科学》编辑部对在中国设立的近百家企业研发机构进行了调研、采访与问卷调查,同时采访了国家知识产权局、科技部、商务部、清华大学等相关政府与学术机构,透过调研评选出最具影响力十

---

❶ 2015年全国研发经费投入总量为1.4万亿元[EB/OL].(2016-03-09)[2020-04-10]. http://www.chinanews.com/cj/2016/03-09/7790182.shtml.

大研发中心,见表2-4。

表2-4 2013年度最具影响力十大研发中心

1	3M中国研发中心
2	ABB中国研究院
3	GE中国研发中心
4	华大基因
5	卡特彼勒中国研发中心
6	沈阳机床设计研究院
7	陶氏化学上海研发中心
8	微软亚洲研究院
9	西门子中国研究院
10	中兴通讯

其中跨国公司研发中心占7家,本土研发中心占3席,总体来说,跨国企业研发机构的本土协作更加深入。跨国企业研发机构的本土协作主要集中在三个方向:与政府机构合作,促进当地经济以及相关行业的发展;与高校或研究机构合作,共同开展研究项目,加快某些科研成果的转化,以及联合培养高素质的本土人才,提高中国科研人才的创新能力,发掘、储备人才;参与行业标准的制定,并利用跨国企业本身的全球资源和行业优势,促进本土行业标准的国际化。目前,跨国公司在华研发机构在三个方向都大大深化,而且都取得了很好的效果。比如,西门子中国研究院联手西门子相关业务部门,和无锡市政府及当地的合作伙伴一起,参与无锡的国家物联网项目建设,并开发基于物联网的绿色智能交通系统,促进了当地物联网产业的发展;微软亚洲研究院已与国内10所高校建立了联合实验室,其中8所被列为"教育部重点实验室",这些实验室共会聚了计算机各研究领域的50余位学术带头人和专家,开展了近200个合作项目,发表高水平学术论文1000多篇,联合培养学生超过1000名;甲骨文中国研发中心则参与了国家信息标准化委员会、中国通信标准化协会诸多标准的制定,并利用母公司在相应领域的资源和行业地位,帮助国内的相关标准走向国际化等。

另一特点是跨国公司在华研究机构的重点正从应用研究转向基础研究。以往的研究认为，跨国公司在华研发机构的研发活动主要集中在应用研究，较少涉及核心技术和基础研究。然而，调研表明，跨国企业逐渐由"应用"研究扩展至"基础"研究。全球领先的特种化学品公司科莱恩管理人士顾培楠表示，在华基础研究的首个方向是表面活性剂，开发目前正流行的无硅油洗发水配方。微软亚洲研究院更是进行了五大领域的研究，如新一代多媒体、自然用户界面、以数字为中心的计算、互联网搜索与在线广告、计算机科学基础等。从这里走出来的新技术包括 Office、Windows、Azure、Bing、Visual Studio、Xbox Kinect、Windows Phone 等。目前，"在中国、为中国"已成为跨国企业成立在华研发中心的首要因素。2016 年 11 月 2 日，3M 公司研发中心正致力于开发陶瓷衬垫的催化转化器，目的是解决中国车企需求上升的汽车排气系统中净化尾气的核心零部件。瑞典利乐公司的研发中心在创新中心专门提供了中试线，可让中国客户身临其境地进行模拟测试❶。

同一产业的企业在地理上集中形成产业聚集，产业高度聚集就形成了一个地区相对其他地区的优势产业。在优势产业地区，由于同一产业的企业高度聚集，彼此的专业知识和技能容易通过各种渠道外溢到相邻企业，使各企业都从这种外溢中受益；优势产业能够吸引相关专业人才来区内工作，形成事实上的专业人才库，各企业所需人才可互相流动或调剂；优势产业地区内企业彼此接近，竞争激烈，有利于刺激企业不断创新；为节省贸易成本，企业愿意定位在靠近上游产业供应商或下游产业购买者的地方，从而在优势产业地区形成产业集群。一个地区的产业优势在吸引跨国公司直接投资方面具有重要作用，而跨国公司直接投资在优势产业及其关联产业的聚集又进一步导致相关研发机构的聚集，研发机构本身又有进一步的聚集作用。目前跨国公司在北京设立的研发机构以 IT 行业为主，比例高达 60% 以上；跨国公司在上海设立的研发机构 IT 行业比重相对较低，分布在汽车业、

---

❶ 跨国公司创新进行时：从中国到世界 [EB/OL]. (2016 - 11 - 15) [2020 - 04 - 10]. http://finance.sina.com.cn/roll/2016 - 11 - 14/doc - ifxxsmuu5603860.shtml.

化工业的比重相对较大;跨国公司在广东设立的研发机构主要集中在IT业和电子业;跨国公司在江苏设立的研发机构则主要集中在电子业和机械业。这一分布特征充分体现了四地的产业特点和比较优势。

外资研发中心主要集中在信息技术、医药、汽车及其零部件和化工等高新技术行业。从事医药行业的外资研发中心有93家,占25%,全球最大的15家制药企业中有7家在上海设立研发中心,包括辉瑞、葛兰素史克、阿斯利康、罗氏、诺华、礼来等企业;从事信息技术的有88家,占23%;从事汽车及其零部件的外资研发中心有50家,占13%;从事化工行业的外资研发中心有45家,占12%。随着全球节能环保产业的兴起,从事新材料、新能源领域的外资研发中心也逐渐增至24家,占6%,如图2-5所示。

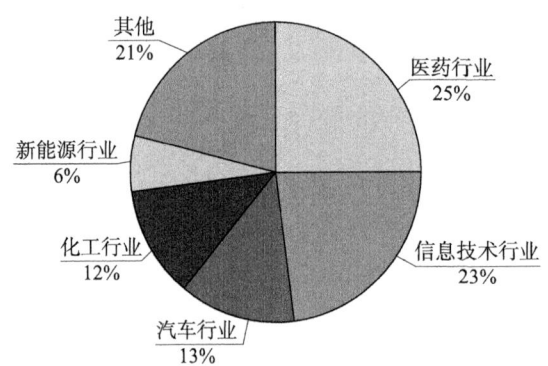

图2-5 上海市外资研发中心行业分布占比

资料来源:《2015年上海外商投资环境白皮书》。

最初跨国公司在上海设立的研发中心多以技术和产品开发、产品本地化为主,并与生产企业配套,直接服务于其在国内的市场和生产部门。近年来,部分跨国公司正在提升上海研发中心的能级,从"为中国创新"进一步升级到"创新在中国",越来越多的研发中心升级为全球研发中心。一方面,研发活动逐步由技术开发向基础研发转变。通用电气上海研发中心、飞利浦上海研发中心、思科上海研发中心等都从事集团内部的基础研发;另一方面,服务区域逐步从服务当地向服务当地和为全球战略服务并重转变。据不完全统计,目前落户上海的外资研发中心中有30家是全球研发中心,例如:通用电气上海研发中心是其全球三大研发机构之一;杜邦上海研发中心是该公司在美国本土以外的第三大研发机构;联合利华中国研究院是该公司全球三大研发中心之一;德尔福上海研发中心是其全球第五大研发中心;可口可乐产品研发检测中心是该公司在亚太地区的研发总部。

三、生产要素的作用

基于第一章生产要素和产业升级的理论综述,这里主要从生产要素对产业升级的作用论述生产要素的作用,经济学中,产业升级通常是指产业结构的改善、产业质量和效率的提高[1]。本质上,产业升级必须依靠技术进步来提高生产效率。Porter(1990)提出,产业升级是一个发展过程[2]。从价值链角度,Gereffi(1999)认为产业升级是企业开发资本和技术密集型经济领域来提高盈利能力的过程,同时价值链内部的增加值也从低到高发生转变。Poon(2004)还认为,产业升级是从低价值劳动密集型向高价值资本或技术密集型转变的过程[3]。Humphrey和Schmitz(2002)将工业升级分为过程升级、产品升级、功能升级和跨行业升级,其中前三个是行业内升级,后三个是行业间升级[4]。Ernst(2001)将产业升级分为五种类型:第一,产业间升级:从低附加值产业到高附加值产业;第二,要素升级:生产要素水平从"捐赠资产"或"自然资产"向"创造资产"转变;第三,需求升级:从必需品到奢侈品;第四,功能升级:从销售和分销过渡到价值链中的最终组装、测试、组件制造、产品开发和系统集成;第五,联系的升级:在有联系的层次上,从有形产品生产向无形的知识

---

[1] 薛安伟. 要素引进下产业升级的路径 [M]. 上海:格致出版社,上海人民出版社,2016:34.

[2] Porter M E. The Competitive Advantage of Nations [M]. New York:Free Press, 1990:12.

[3] Poon T S C. Beyond the global production networks: a case of further updating of taiwan's information technology industry [J]. International Journal of Technology and Globalisation, 2004, 1(1):130-144.

[4] Humphrey J, Schmitz H. How does insertion in global value chains affect upgrading in industrial clusters? [J]. Regional Studies, 2002, 36(9):1017-1027.

密集型支持服务过渡。丁焕峰（2006）提出，行业技术创新首先刺激了对新产品的需求，然后需求的上升将促使其他企业进入该行业，同时将生产要素流向该行业，促进该行业的发展和升级，从而导致需求膨胀和不同产业之间生产创新转移的驱动因素，促进产业升级。这种升级是由创新引发的，并通过刺激需求而形成了良性循环❶。隆国强（2007）认为，产业升级主要促进了资本密集型和技术密集型产业比重的提升❷。

生产要素对产业升级的作用还体现在对产业结构优化的推动上。产业结构的合理化是指向适应产业升级和经济发展的方向，包括产业供给能力和产业需求的调整、产业与产业之间协调的加强、关联水平的提高以及供求要素转变产业，实现供求结构之间的动态平衡，协调各产业部门的发展，最终从中获得较好的产业优化结构。产业结构升级是指产业结构由低水平向高水平发展的过程，通常反映在三次产业产值率和主导产业的变化上。例如，产业结构从第一产业向第二、三产业为主的演化就是产业结构高度化；产业结构从劳动密集型为主向资本、技术密集型为主演进及从初级产品为主向中间产品、最终产品为主的研究也都属于产业结构高度化，因此产业结构的合理化强调产业升级的综合效果，产业结构的高度化强调产业升级的阶段性。李晓阳、吴彦艳、王雅林（2010）认为，微观层面上的产业升级包括产业结构的改善和产业素质与效率的提高；在宏观层面上通过产业结构优化，实现了产业的协调发展，在微观层面上通过生产要素的优化组合、技术水平和管理水平的提高等实现产业素质与效率的提高；但是，宏观的结构改善与微观的效率提升实际上有内在联系，生产要素的优化组合是产业结构改善的基础❸。宋国宇、刘文宗（2005）认

---

❶ 丁焕峰. 技术扩散与产业结构优化的理论关系分析 [J]. 工业技术经济, 2006 (5): 95-98.

❷ 隆国强. 全球化背景下的产业升级新战略——基于全球生产价值链的分析 [J]. 国际贸易, 2007 (7): 27-34.

❸ 李晓阳, 吴彦艳, 王雅林. 基于比较优势和企业能力理论视角的产业升级路径选择研究——以我国汽车产业为例 [J]. 北京交通大学学报（社会科学版), 2010, 9 (2): 23-27.

为，产业结构优化是一个动态过程，其实质是实现资源在各产业之间合理配置、促进资源的使用效率不断提高以及具有较强的结构转换能力。实际也是从结构和效率两个方面定义产业升级，同时仍然考虑产业结构和要素效率间的关系❶。因此，从产业经济学的角度来看，产业升级既是产业从低级向高级转化的过程，同时也包括了产业总产量的上升和产业结构的高度化。

在产业经济形式的演进过程中，主导产业的经济形式总是与生产要素的分配结构呈正相关，即主要生产要素的分配结构与低水平主导产业的经济形式相对应，高层次生产要素的配置结构与高层次主导产业的经济形式相对应。基于以上分析，从发展战略上，都可以从主导产业的各个方面研究产业升级，但是其最深层次的本质配置还是与要素的结构变化和演化紧密联系在一起的，而要素配置变化与演变，以主导产业的变化与发展为战略转移的形式，以产业升级的形式进行变化。根据要素配置结构中主要要素和高级要素的比例不同，产业升级可分为：以资本要素以外的主要要素为主要配置结构的产业升级，称为主要产业升级；以资本要素为主要配置结构的产业升级，称为产业资本升级；以先进要素为主要配置结构的产业升级，称为先进产业升级。

产业初级升级、产业资本升级和产业高级升级是产业升级由低附加值逐步向高附加值演变的三种形式。其中，产业初级升级和产业资本升级的要素配置结构主要依赖于初级要素和资本要素，即在定量高级要素投入的前提下，不断增加初级要素，产业升级为基本要素的增加基本完成了。但是，产业高级升级的要素配置结构主要依靠先进要素，即在定量初级要素输入的前提下，不断增加高层次要素，高层次要素的增加基本完成了产业升级。这主要表现为知识（技术）密集型产业、信息密集型产业和专利密集型产业，相应的产业发展战略是先发优势和竞争优势。两者都是经济发展过程中的长期战略，也就是说，选择先发优势和竞争优势的国家或地区的工业发展战略应该是长

---

❶ 宋国宇，刘文宗. 产业结构优化的经济学分析及测度指标体系研究［J］. 科技和产业，2005（7）：6-9，40.

期的和可持续的。只有这样，才能帮助提升国内或区域产业的水平、效率和质量，进一步提高其在国际产业链、劳动分工和价值链中的地位。不同形态的生产要素密集型产业以及专利等知识产权要素在产业升级中的作用如图2-6所示。

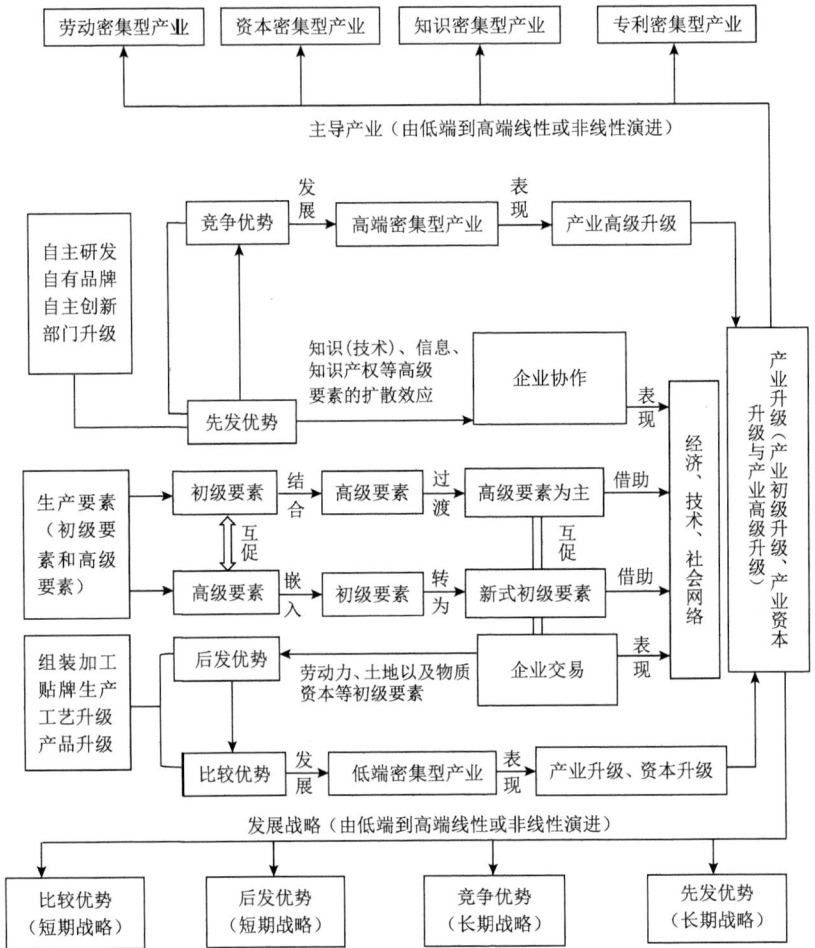

图2-6 知识产权等高级生产要素在产业升级中的作用

注：根据文献整理而得❶。

---

❶ 韩江波，李超. 产业演化路径的要素配置效应：国际案例与中国选择［J］. 经济学家，2013（5）：39-49.

四、生产要素的培育

从发展中国家生产要素培育的过程来看，事实上把产业发展分成了两个阶段。第一阶段是建立由资本要素（FDI）流入形成的产业，包括出口产业与内销产业。这一阶段的产业升级不是严格意义上的结构进步，只是外资建立在本国意义上的产业进步。这一阶段的资本积累为第二阶段的发展准备了条件，那就是可能基于本国资本实现技术进步与产业升级，由此才完成完整意义上的经济发展。这样也就提出了从第一阶段向第二阶段转变的关键，即生产要素培育。仅仅由第一阶段实现的资本积累是不可能直接进入第二阶段的。资本积累要转变为培育本国高级要素的条件，包括教育投资形成高级人才，技术创新形成自主专利与品牌等，只有这种要素培育才能改变本国的要素结构，从而在要素合作的全球化中具有本国的产业主导地位，实现真正意义上的发展。因此，要素培育是要素引进战略升级的关键，也是发展转型的核心和发展基础❶。

通过前文的分析，知识产权要素是高级要素之一，但不是全部要素，还需要结合技术、高级人才、资本等各种生产要素，本书认为，当代世界的竞争是国家间的知识产权要素培育竞争。知识产权要素培育有多种模式，可以采取要素获取模式，即不是完全依靠本国条件从零起点培育高级要素，可能部分地通过国际并购迅速获得先进企业的品牌、技术与专利、版权、国际市场网络等高级要素，并在此基础上实现发展；也可以采取部分购买并在此基础上进行二次创新的方式培育自己的高级要素，实现产业创新与分工地位升级。

在现代经济中，生产要素的流动对国际经济秩序的影响仍然显而易见。第一，美国在世界经济中的主导地位基于对知识产权因素的培养和综合利用。知识产权经济的发展是知识产权生产要素结合多种生产要素共同作用的结果，美国因为资本、高级人才、知识产权等高级生产要素的充裕而赢得了进入知识产权经济的先发优势和时代跨越。

---

❶ 张幼文. 要素集聚的体制引力［M］. 上海：上海人民出版社，2015：89.

在这一过程中，由于资本要素的重要性相对下降，美国赢得了进入知识产权经济的先发优势并跃居第一位。在此过程中，由于资本因素的重要性相对下降，新兴市场经济体、转型经济体和以中国为代表的一些发展中国家相继建立和发展了资本密集型产业，但它们仍无法在世界上占据主导地位。第二，美国经济发展的条件在于拥有核心知识产权要素。全球知识产权制度整合的发展以及核心知识产权要素在全球价值链中的主导地位，继续巩固了美国的主导地位。从历史上看，美国知识、技术和人力资本的积累是高度富裕的资本因素发展的产物，这些资本因素已成功地转化为知识产权因素。第三，知识产权要素是国际分工占据主导地位的原因。知识产权经济的发展大大提高了美国的国际地位，增强了美国的国力。这种国际地位是基于国际工业经济结构中的主导地位，这是由美国知识产权要素的聚集直接带来的。以信息产业为例，美国在信息产业的专利、版权和商标方面的优势决定了美国在当前和未来占据着主导地位。现在的中国正处于科技大爆发，并且规模越来越大，科技成果输出在以远远快于经济成长的速度成长。中国现在每年产出的科技成果居世界第二位，且正在高速接近人类科技顶峰的美国。根据当前的中美贸易行业结构，中国对美国的出口产品主要是机械设备仪器（根据分类主要是家电、电子等类别），占出口总量的48%。第四，知识产权等高级生产要素在现代仍十分匮乏。发展中国家在国际经济中的劣势表现为不合理的产业结构和较弱的竞争力，这是由知识产权要素禀赋不足造成的。在一个具有一定产业发展水平的世界中，发展中国家具有诸如资本之类的主要生产要素，而知识产权是发达国家掌握的主要要素，这使得发展中国家所拥有的知识产权要素在全球价值链和分工合作上处于弱势地位。尽管在发展过程中，发达国家在新兴市场、发展中国家和转型经济中申请的专利数较高，但这显然是发达国家为进入这些市场需要加强知识产权保护的体现，而不应当想当然地视为发展中国家本身的高级知识产权要素在提升。

不仅发达国家如此，中国在海外的贸易之路也证明着这一点，以中国在"一带一路"沿线国家专利申请为例：2019年上半年，中国在"一带一路"沿线国家专利申请公开量平稳增加，专利授权质量保持高水平，涉及的技术领域和国民经济行业结构不断优化；上半年中国在"一带一路"沿线国家专利申请涉及的前十产业中，计算机、通信和其他电子设备制造业是专利申请公开涉及最多的产业，仪器仪表制造业、化学原料和化学制品制造业、软件和信息技术服务业、通用设备制造业居第 2~5 位，均属于专利密集型产业，涉及这些产业的专利申请有力促进了中国对"一带一路"沿线国家出口的提质增量。

基于前面的理论分析和生产要素的视角，本节提出专利密集型产业的定义：

专利密集型产业应当是以专利为主要组成部分的知识产权生产要素充分结合土地、资本、劳动、知识等其他生产要素，借助经济、技术、社会网络等辅助要素，在产业升级中逐步发挥作用直至主导产业发展，创造并提升产业经济效益，从而使产业在国际竞争和全球价值链中居于优势地位。

因此，专利密集型产业的内在表现为产业的知识产权要素的密集度改变，外在体现为产业的经济收益率提高，以我国为代表的发展中国家在知识产权培育过程中对内应当注重培育本土高质量的知识产权要素，对外战略应当注重获得其他国家的知识产权高级要素，并借助市场经济运作将知识产权生产要素配置到最合适的位置，促使其价值最大化实现。

第二节 专利密集型产业的外涵研究

一、专利密集型产业与制度的关系

1. 知识产权制度是专利密集型产业赖以生存的基础

知识产权的专有性、排他性决定了它必须要有匹配的制度来衡量权利人和社会公众之间的利益关系。知识产权制度是一座通过法律规定将知识转化为财产或者将智慧转化为财富的桥梁❶。通过有效的利

---

❶ 曹新明. 知识产权法哲学理论反思——以重构知识产权制度为视角[J]. 法制与社会发展, 2004 (6): 60-71.

益驱动机制，鼓励发明创造，激励技术创新，刺激投资与智力创造和投入不断进行，从而促进科技进步，推动经济的发展。知识产权制度对区域经济的促进效果取决于其功能的发挥，如创新激励、资源配置、市场竞争标准和政府管理，也可归结为这个制度安排的优劣将影响到一个区域经济的增长。新兴产业、高新技术产业更需要知识产权制度或战略，知识产权战略是新兴产业培育中的核心要点，知识产权制度是其良性发展的保障。技术创新只有在创新过程完成并取得创新成果之后，才能形成产品并投入市场，产生真正的经济效益，因此在这个过程中，知识产权制度或战略的思想贯穿其中。

对于新兴产业或高新技术产业，知识产权制度在以下几个方面发挥作用：

一是知识产权制度的创新激励功能。通过权利的定义和保护，知识产权制度在一定时期内赋予创新者专有权，使创新者对创新投资的回报有一定的期望，从而激发创新者增强创新能力。同时，通过权利的限制，合理的权利制度安排使知识溢出成为"公共领域"，从而保持了知识的外部性，达到激励后续创新的目的。

二是发挥知识产权制度的功能，维护市场竞争秩序。知识产权制度通过确立知识产权的客体、权利和义务来规定市场竞争的交易顺序。在通过产权保护惩处知识产权侵权行为的同时，还通过产权限制来规范滥用权利的反竞争行为，以维护公平、自由的市场竞争秩序。

三是政府管理知识产权制度的职能。知识产权制度使政府机关能够通过有关财产管理的规定，依法审查、监督、协调和服务于知识产权的获取和使用，这体现了公共权力在民间活动中的适当干预。

四是知识产权制度的资源配置功能。知识产权制度通过占有和加以利用，从中谋取利益和处置分离，协调创造者和使用者之间的关系以及传播者的利益，通过产权的转移，使资源能够根据社会的市场需求而变化，从而达到最有效利用资源和优化资源分配的目标。

以美国为例，20世纪80年代，美国联邦最高法院通过一系列案件扩充了可专利主题范畴，加强专利权保护，支持美国高新技术产业化❶。美

---

❶ 刘银良. 美国专利制度演化掠影［EB/OL］. (2014-04-28)［2020-04-15］. http://old.civillaw.com.cn/article/default.asp?id=61573.

国对专利制度进行了一系列创新，主要包括以下四个方面的内容：①以联邦巡回上诉法院为核心的专利司法制度的形成；②专利保护领域的拓展；③政府资助研究的专利管理制度的建立；④专利保护制度的国际化。在这些案件中，尤以1980年的Diamond v. Chakrabarty案影响最为深远。在该案中，联邦最高法院打破专利法禁忌，使之成为具有开放视野的无形财产权体系。从其后续社会效果来看，该案直接揭开了美国生物技术发明的专利保护序幕，显著刺激了美国生物产业技术的迅速发展。调查与分析显示，20世纪90年代美国生物技术产业保持快速增长趋势，在1993—1999年规模得以加倍，截至1999年，它为美国经济所贡献的年度收入高达470亿美元。在世界范围内，美国生物技术产业也一直保持遥遥领先的位置，把欧洲和日本远远抛在后面❶。正是由于专利法对产业创新和经济效益的巨大推动作用，该案的判决不仅融入美国专利法、影响到美国专利法的适用，还直接或间接地影响了世界多国的专利立法，乃至TRIPS国际条约。

1981年的Diamond v. Diehr案拓展了计算机软件的可专利性。自此，美国专利保护强度全面增强，对各个产业的发展产生了深远影响。以软件产业为例，20世纪80年代末到90年代末，该产业研发投入只上升了35%，但年度专利授权量已经翻了6倍。另一代表性产业是半导体产业❷，由图2-7可以看出，所有产业中，半导体产业的专利密度上升得最快（计算方法：专利授权量/研发投入），与之类似的还有计算机产业❸。而同样是较为依赖专利制度的化学和医药产业没有表现出同样的增长倾向，专利法的改变对不同产业的专利密度带来了不同影响，一种可能的解释是复杂型产业对于专利制度的反应较之离散型产业更有弹性，在加强专利的保护下，复杂型产业的企业纷纷

---

❶ 刘银良. 美国专利制度演化掠影——1980年纪略［J］. 北大法律评论，2013，14(2)：219-242.

❷ Hall B, Ziedonis R. The patent paradox revisited: an empirical study of patenting in the U.S. semiconductor industry, 1979—1995［J］. The RAND Journal of Economics, 2009, 32(1): 101-128.

❸ Grindley P, Teece D. Managing intellectual capital: licensing and cross-licensing in semiconduct［J］. California Management Review, 1997, 39(2): 8-41.

申请专利,从而演变为专利军备竞赛,而离散型产业的企业则不太需要这么做。有研究表明,1982—1997年,化学药品产业的专利密度为0.0384,而办公、会计和计算机产业的专利密度低于0.0001。2000年,二者位置发生了逆转,化学药品产业的专利密度降低到0.0204,而办公、会计和计算机产业却达到了0.2566,其中主要原因是计算机产业的发展和专利保护力度的加强。

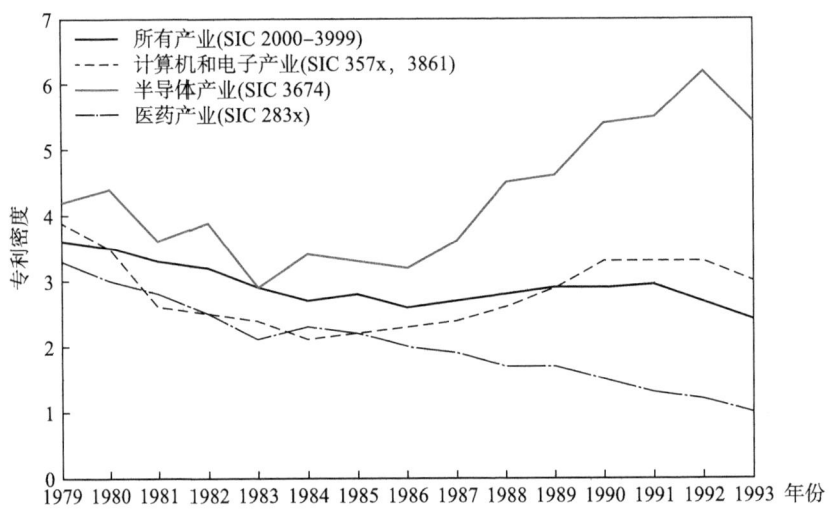

图2-7 美国各产业的专利密度变动情况

说明:根据相关文献整理而得。

总的来说,20世纪80年代以来,半导体、计算机软件、生物科学与新兴商业方法正在快速成长,美国专利保护领域的拓展和保护力度的增强,为美国的新技术成果获取专利扫除了障碍,这不仅有利于保护美国在这些产业的"先发优势",而且促使企业把知识创新优势转化为巨大的经济利益,维持美国在高新技术产业领域的竞争优势。

进一步地,产业专利密度持续上升,但该数值的上升并不能一直保障产业的发展,当专利密度上升到一定程度,产业专利密度达到饱和,进而出现专利丛林现象,这会在很大程度上占用司法资源,浪费社会总体成本,阻碍后续创新,使得专利制度对产业创新整体的促进和激励作用下降,甚至出现负向作用,应根据产业周期的发展规律和专利制度的设计，及时进行调整，以将专利制度的正向刺激作用发挥至最大。

2. 专利密集型产业依赖知识产权制度的发展和完善

专利密集型产业的首要特征是专利要素密度高，而这一要素恰好是知识产权法律保护的对象——专利、版权和商标以及其他知识产权要素一类。鉴于知识产权密集型产业目前在国民经济中的重要地位，调整知识产权法，使之与产业发展的基本规律和要求相契合，是专利密集型产业更快、更好发展的必要条件。经典的马克思主义哲学理论中对上层建筑和经济基础的表述为"人们在自己生活的社会生产中发生一定的、必然的、不以他们的意志力为转移的关系，即同他们的物质生产力的一定发展阶段相适合的生产关系。这些生产关系的总和构成社会的经济结构，既有法律的和政治的上层建筑矗立其上并有一定的社会意识形态与之相适应的现实基础"。因此，专利密集型产业的发展也从侧面印证了该国知识产权法制定得是否得当，是否需要调整❶。

从知识产权制度鼓励创新层面来讲，可以分别在企业、产业或国家层面上展开。相较之许多从企业层面上研究知识产权制度鼓励创新的论述，采用产业的形式更为合理，这是因为知识产权法律的目标是想给予创新者最优化的补偿，一些影响企业竞争的市场参数（比如市场竞争度）是与产业层面紧密相关的，这样的信息也可以从产业层面上聚集❷。因此，专利密集型产业作为宏观层面（国家）与微观层面（企业）之间的中观层面，较好地体现了知识产权制度对经济发展的影响和最优化设置。一些学者认为，应当根据产业特质制定有弹性的专利政策。以发达国家或地区为例，对最为依赖专利制度的医药产业提供了特殊的知识产权保护。1984 年，美国颁布了《药品价格竞争和专利权期限补偿法》（Drug Price Competition and Patent Term Restora-

---

❶ Response of Microsoft to the UK independent review of Intellectual Property and growth call for evidence [EB/OL]. (2010 - 03 - 10) [2020 - 04 - 18].

❷ Malte Mosel. Competition, imitation, and R&D productivity in a growth model with industry - specific patent protection [J]. Review of Law and Economics, 2011 (2): 601 - 652.

tion Act），为药品专利权人提供了专利补偿期。日本从 1987 年开始实施补充保护制度，适用范围包括人用药或兽药、人用或兽用诊断试剂或材料。1992 年，欧盟引入补充保护证书［Regulation（EEC）No. 1768/92］，为到期的医药专利提供保护期延长制度，其目的是补偿药品专利权人在寻求上市行政许可中损失的专利保护期，确保药品开发商收回研发投资并实现利益最大化❶。还有学者认为，应考虑技术或产业的发展规律和生命周期。从技术的生命周期来说，对产业的早期革命性的创新给予过于宽泛的专利保护是不合适的，比如对白炽灯领域的核心专利——爱迪生灯泡专利赋予过宽的保护范围，实际上妨碍了该产业的快速发展，美国早期的电灯产业是累积型产业的代表。正如产业历史学家 Arthur Bright 所说，"在 223，898 号专利（爱迪生白炽灯美国专利）授权之后的 12 年，竞争仍然存在，但突然间，竞争变得不可能了"。通用爱迪生电灯公司（后发展成为通用电气公司）的市场份额从 40% 上升至 75%，新公司的进入从 1892 年的 26% 下降至 1894 年的 8%（1894 年是 223，898 号专利有效期的最后一年）。由于缺乏竞争，爱迪生电灯公司技术创新的步伐减缓了。Arthur Bright 指出："在白炽灯发明以后，爱迪生电灯公司就没有任何重要的新发展了，爱迪生电灯公司后期的兴趣是阻却竞争者而不是改进技术。直到 1894 年后，基本电灯专利不再受保护，通用公司才开始对电灯进行改进以维持市场地位。"这段历史的教训不在于专利是否应当授权，而在于宽泛的专利对技术继而对产业机构产生明显影响❷。类似的例子还有汽车技术史上的 Seldon 专利，该专利对一个基本的汽车构造进行创新，采用了一个重量轻的内燃机作为动力源。Seldon 专利对轻型内燃机系统进行了说明，并且权利要求非常广泛，涵盖了大量的内容。Seldon 本人和专利的受让人都没有采用专利来改进技术，他们希望将专利继续许可并获取许可费，最后他们成立了汽车制造者

---

❶ 唐晓帆. 欧盟药品补充保护证书（SPC）制度简介［J］. 电子知识产权，2005（10）：42 – 45.

❷ Merges R P, Nelson R R. On the complex economics of patent scope［J］. Columbia Law Review，1990，90（4）：839 – 916.

协会。该协会的目的是收取许可费并对该产业的发展加以控制，而不是便于后续技术的发展。不过 Seldon 的专利是否一定阻碍了产业技术进步呢？大量的专利诉讼也吸引了像 Henry Ford 这样的产业创新者，后者的汽车生产方法革命了整个汽车产业。实践证明，许多发明者和企业在累积产业（也称为复杂产业，如计算机、通信产业等）的不同领域拥有专利，没有任何一家企业有足够的能力来自己发展全部的技术，也没有能力能够协调技术的发展，因为没有办法提前知道技术如何发挥作用。这也导致了专利混乱，只有当关键专利的范围缩小才能改善这一情况。Merges R P 和 Nelson R R（1990）指出，当一个产业出现专利僵局时，交叉许可、专利池以及合并一定会出现。因为，如果没有这些解决方法，就不会减轻宽范围的专利对累积技术产业的负面影响。在最近的研究中，Seokkyun－Woo 等（2015）指出，知识产权对研发的积极作用在化学（离散）行业占主导地位，在电子和机械（复杂）行业产生负面影响[1]。一般来说，企业对构成复杂产品所需的补充技术没有专有控制权，而且由于所需技术通常由竞争对手公司获得专利，所以企业之间会演变出严格许可活动的环境。这些由专利丛林引起的传统互补问题提高了产品开发的总体成本（Shapiro, 2001）[2]。事实上，许多文献都试图提供可行的解决方案，通过阻止过度的专利活动来增强现有的专利制度，以克服专利丛林问题（Graham, Harhoff, 2014）[3]。

在一些发展中国家，产业发展与专利法或专利政策之间的关系已有一些研究。例如，通过将印度工艺专利制度中的专利数据（2001—2004 年）与该国新产品制造制度专利的初步数据（2005—2008 年）

---

[1] Seokkyun W, Pilseong J, Yeonbae K. Effects of intellectual property rights and patented knowledge in innovation and industry value added: a multinational empirical analysis of different industries [J]. Technovation, 2015, 43 (9): 49 - 63.

[2] Shapiro C. Navigating the patent thicket: cross licenses, patent pools, and standard setting [J]. Social Science Electronic Publishing, 2001, 21 (1): 119 - 150.

[3] Graham S J H, Harhoff D. Separating patent wheat from chaff: would the US benefit from adopting patent post - grant review? [J]. Research Policy, 2014, 43 (9): 1649 - 1659.

进行对比（Haley G T，Haley U C V，2012）❶，印度专利法的变化可能损害了国内创新。Patarapong 等（2015）发现，更强大的专利制度对跨国公司与本土汽车零部件供应商之间的知识转移的范围和性质影响不大。Jorge Lemus 和 Guillermo Marshall 认为，专利期限的变化为专利局所有行业的专利工作创造了持久的效率（Lemus J，Marshall G，2018）❷。虽然现有文献对专利法和专利政策的影响没有一致的结论，但可以归纳出一些规律。政策效果的评价主要有两个方面：一方面，专利法律政策的变化主要是为了加强对专利权的保护；另一方面，不同行业的专利法律政策效果不同。但在我国，关于专利法律政策对产业的影响的研究却很少，还需要进一步的实证研究来验证。

2015 年 11 月 11 日，WIPO 发布的《2015 年世界知识产权报告：突破式创新与经济增长》认为，第二次世界大战以后世界经济出现了飞速增长，主要原因是创新推动了经济增长，而知识产权制度在其中起到了重要作用❸。知识产权对于经济发展影响的路径是复杂的，并且由于技术的差异而有所不同。应当认识到知识产权法律保护由于产业的差异，其效果有较大的不同。如何在统一的知识产权法律体制中考虑到产业参数的影响，是专利密集型产业良性发展的重要前提。因此，知识产权制度对产业创新的影响作用不是绝对正向或负向的，只有通过合理的设计和引导，知识产权制度对产业创新的激励作用才能最大限度地体现出来。知识产权制度能否与产业技术禀赋以及具体国情紧密契合，是影响产业创新与经济发展的重要条件。进一步地，知识产权立法、执法、学术研究应以产业政策作为法律规范的补充❹。

---

❶ Haley G T, Haley U C V. The effects of patent–law changes on innovation：the case of India's pharmaceutical industry [J]. Technological Forecasting & Social Change，2012，79（4）：607–619.

❷ Lemus J, Marshall G. When the clock starts ticking：measuring strategic responses to TRIPS's patent term change [J]. Research Policy，2018，47（4）：796–804.

❸ World Intellectual Property Organization（WIPO）. Breakthrough innovation and economic growth [EB/OL].（2015–12–04）[2020–04–20]. http：//www.ifrro.org/content/wipo-world-intellectual-property-report-2015-breakthrough-innovation-and-economic-growth.

❹ 张平. 论知识产权制度的"产业政策原则" [J]. 北京大学学报（哲学社会科学版），2012，49（5）：121–132.

3. 专利密集型产业的发展是检验知识产权制度的重要标准

（1）专利法发展史与产业发展

1835年前的英国，如果申请专利说明书描述的一部分内容涉及对现有专利技术的改进，该申请不会被授权。这意味着"可专利性"的前提之一是，新技术不能与现有技术之间形成竞争或替代关系。也就是说，在当时，人们已经意识到新技术的实施会带来熊彼特后来所说的"创造性毁灭"，并且，为了避免"创造性毁灭"导致的现有生产资源的浪费，拒绝对可能会导致毁灭效应的新技术提供保护。不过，1835年的《布鲁厄姆勋爵法》允许人们就未涉及现有专利的那部分改进技术提出申请。这实质上找到了一条允许"创造性毁灭"发生且同时兼顾在先发明者利益的方法。为了实施改进技术，后发明者需要获得先发明者的授权。在先发明者和后出现的改良发明者之间可以进行单向授权或双向授权交易。两者之间原本是"有你无我"的竞争关系，但随着法律制度的调整，两者之间变成了在创新市场上合作共赢的关系。发明人原本担心改良技术的出现会让自己彻底无利可图，早期的研发投入全部耗费，但后来的制度解决了这一问题。这鼓励了更多人放心地从事对现有技术的改良和实施，增强了创新市场的竞争性，加快了技术进步的步伐❶。实践证明，1835年之后的改革有助于增强以蒸汽机产业为代表的创新市场的竞争性。

再如，美国从一开始对专利申请进行实质性审查，以便将专利保护授予那些真正值得保护的技术。但很快，专利委员会的人手不足，无法应对各个技术领域的日益复杂和繁多的专利申请，于是，1793年通过的新《专利法案》不再对专利申请进行实质性的审查。申请者只需提交完整的申请材料和缴纳必要费用就可以获得专利证书。这样，专利制度在激励产业创新上的作用就大大削弱了。1836年，国会对专利法进行了修订，恢复了对专利申请内容的实质性审查，并从多个方面对实质性审查制度进行了完善，包括建立专门的联邦专利局、聘用

---

❶ 吴欣望，朱全涛. 专利经济学——基于创新市场理论的阐释［M］. 北京：知识产权出版社，2015：12.

受过良好技术教育的专职审查员和制定专利审查的标准、要求和程序等。为防止以权谋私,专利局的工作人员不能被授予专利权,为了防止审查员随意裁决,申请人可以对专利办公室的决议提出异议,并有权向美国最高法院提出诉讼❶。实质性审查制度的建立和完善,使专利权的权利不确定性大幅下降,可供转让、许可或联合实施的专利质量更加稳定。这有利于增加专利市场上的需求者数量,从而提高产业的创新性和竞争性。

以新颖性为例,不同国家对新颖性的定义有所不同。美国规定,如果一项技术在申请专利之前在单次出版中被完全披露过,才算新颖性被破坏。不过,在一些国家,即便没有明确披露,但公开文献隐含着相关技术信息,则新颖性仍会被破坏。一些国家产业界的发展往往依赖技术模仿,政府希望通过制度设计,给本国研究力量相对薄弱的产业界留下接触新技术的更大空间,或使本国企业有机会接触或使用一些前沿技术。如果不通过对现行经济社会体制的深入改革来增强创新市场的竞争性,经济体系依然会缺乏创新活力。因此,在2008年的修订中,中国专利法实现了从混合新颖性标准到绝对新颖性标准的转变。原本的专利法规定使外国并不新颖的技术被个别人垄断,限制了更多人对该技术的使用和改良,抑制了创新市场上的竞争。从这个意义上来说,2008年中国专利法相关条款的修订有助于推动中国产业的创新。

(2) 专利密度的演化与饱和

1) 专利密度与专利丛林

专利制度的设计,使得部分技术领域专利密度不断扩增,这种高密度的专利形态很容易形成专利丛林,换言之,专利密度高在一定程度上是专利丛林的表现之一。经典专利经济学所说的动态分析,只不过是短期的局部动态分析,仅仅是把创新技术当作创新的成果,而没有考虑到本期的创新技术也是下一期创新的投入品。如果仅考虑本期的创新,则对于专利的保护越强,就越能够提升创新投入的积极性。

---

❶ 颜崇立. 美国专利制度二百年 [J]. 中外科技信息, 1990 (4): 52-57, 65.

而根据累积性创新理论，本期的创新成果也是下一期创新投入的时候，专利保护的加强就意味着增加了下一期创新的投入成本，并且很容易导致下一期的技术创新侵犯上一期的专利权，从而引发大量的法律诉讼，因此很可能从总体上阻碍了创新的投入❶。

此外，产业异质性也是专利密度与专利丛林考量的影响因素。在当代的一些传统生产部门，技术创新的速度较慢，技术较为简单，技术创新也是相对孤立的。即便是一些以研发为核心的产业，如制药业等"离散型"产业形态，其技术进步的速度也并不很快，每一种新药的推出都要经历较长的时间。即便出现跟进创新者与先期创新者的专利权纠纷，其数量也不会很多，这种纠纷也比较容易解决，这一类部门也被称为"简单产品部门"，其产品或技术实施方案大多不涉及众多数量的专利或其他知识产权，制药业和化工产品通常就是如此。而与之对应的是技术进步十分迅速的高科技部门，例如半导体技术部门，累积性创新是常态，每一种信息技术很可能包含了许多拥有专利（知识产权）的先期技术，每一种新技术又是下一个阶段众多创新的起点，成为其他许多新技术方案中所包含的先期技术。因此，每一种新的技术实施方案、每一种新的产品，都会包含大量的拥有专利（知识产权）的技术，并且这些知识产权由众多的不同企业或个人拥有，由于技术进步迅速，各种产品或者技术均被数量巨大的专利权所覆盖，以至于一个公司设计、制造任何一种产品往往需要成百上千项的专利。在这些部门，过分的专利保护，不仅会使消费者付出过高的代价，更为重要的是，还使新产品和新技术的研发和实施困难重重，面临着专利丛林的问题。为了尽可能地避免这种情况，许多企业被迫申请了大量防卫性专利，这类似于冷战时期的军备竞赛，消耗了各方大量的人力、财力和物力，减少了创新的投入，挫伤了企业的研发积极性，也引发了"专利蟑螂"的出现❷。

---

❶ Moser, Petra. Why Don't Investors Patent? [D]. NBER Working Paper, 2007 (13294): 1–56.
❷ Merges R P. On the complex economics of patent scope [J]. Columbia Law Review, 1990, 90 (4): 839–916.

以当今美国为例，在技术进步较慢、技术相对简明的简单产品部门，专利丛林的问题就不明显，如果对于比较微小的创新实施专利保护，一般来说能够更加激发创新的动力，而阻碍后续创新的消极作用不大。但是在一个技术进步迅速的时代，或技术进步迅速的部门，或朝阳产业，对微小的改进提供专利保护，就会导致过多专利的存在，就会出现专利丛林的严重问题。因此当美国高科技行业发展到成熟阶段以后，纷纷要求提高专利授权的"创造性要求"以提升专利授权门槛，缩小专利保护的宽度，以鼓励后续创新，从而最大限度地发挥专利制度保护创新的初心。

2）专利密度与专利丛林的判断

专利制度的设计，使企业在推出一个新产品或新科技时，倾向于尽可能多地在相关领域获得专利，实现相关环节的专利组合，因此造成即便在一个狭小的技术领域，也密集地存在大量专利，这种高密度的专利形态不可避免地引发了专利丛林❶。在专利丛林中，专利数量加速增多，基本形态为"密集"和"重叠"。这说明在局部技术领域中，专利丛林的表现之一就是专利密度升高。应当认识到，专利饱和度与专利密度之间存在着一定的关系，应结合专利密度的数值表现，综合产业的经济发展情况，对产业专利丛林的出现做出及时的预判。从产业层面看，专利授权率应当根据产业生命周期的不同发生变化，使之更符合产业经济发展的需要。

目前产业专利密度计算方法通常有以下3种。

◇ "人均专利拥有量"计算法

该标准反映了产业发展过程中对劳动者技能的要求，值越大，表明该行业劳动者素质越高，对技术工人的需求比也就越高；欧美"知识产权密集型产业对经济贡献"相关报告中一直采用该种算法。

◇ "单位产值要素投入量"计算法

该标准反映了产业发展过程中市场价值增长的专利含金量，计算方法一般为产业产值除以专利数量。该值越大，表明产业增长品质越

---

❶ 金泳锋，黄钰. 专利丛林困境的解决之道［J］. 知识产权，2013（11）：83-88.

好，技术进步更明显。

◇ "研发投入"计算法

专利通常作为企业 R&D 投入的产出，因此，专利与 R&D 活动有着密切联系，二者一般呈现正相关关系。知识生产函数理论通常用专利与产业 R&D 投入来计算产业专利密度。

综合已有文献，笔者认为应将专利密度值的表现与专利丛林或专利饱和结合起来。以第三种算法为例，当某些产业专利与 R&D 投入比值上升过快，远远超出其他产业均值时，说明这些产业较易受到专利制度调整的影响，较之其他产业应提前预警出现专利丛林，应结合产业生命周期及时调整专利授权门槛。以第二种算法为例，笔者对我国二位代码的产业进行分析发现，高专利密度的产业均出现了产业产值放缓的趋势，这说明这些产业的专利到达一定的程度后，虽然产业专利数量继续上升，但是产业产值上升很慢甚至不再发生变化，从经济学上来说，这符合专利边际收益递减的基本规律，从侧面也说明专利的边际收益已经出现了饱和，应调整专利政策以积极应对。当达到一定峰值后，人均专利密度与产业产值之间还会出现倒 U 形关系，类似于国家知识产权保护强度与经济发展之间的关系，这说明人均专利密度超过一定程度后，专利密度越高，并不能正向刺激产业产值。因此，应结合这些产业专利密度指标的变化，对产业专利丛林的出现做出正确预判，并及时调整专利审查的标准，使专利制度对产业经济的刺激作用始终朝着良好的方向发展。应当注意的是，在进行计算时，产业分类应当越小越好，这样才能体现出真正的专利制度与产业经济的对应关系，一般来说，经济学文献中常用产业专利密度的计算方法是具体到 4 位代码的产业分类❶，在具体操作中，应进一步缩小产业范围以及地域范围，长期追踪产业的专利密度变化值，除了使用统计

---

❶ Rogers M. Networks, firm size and innovation [J]. Small Business Economics, 2004, 22 (2): 141–153.

Hagedoorn J, Schakenraad J. A comparison of private and subsidized R&D partnerships in the European information technology industry [J]. JCMS: Journal of Common Market Studies, 1993, 31 (3): 373–390.

局发布的统计年鉴外,还应当采用企业与产业的对应法,从企业的微观层面对专利密度进行计算。另外,在司法实践中,应对司法判例进行产业层面的统计,重点观察一些引起社会关注的重大专利侵权诉讼或判例,特别是知识产权法院和最高人民法院发布的指导性案例,建立产业专利案件的案例库,定期对产业中的龙头企业以及有代表性的中小企业进行调研,以从中体察产业创新对专利制度的真实诉求,作为专利制度和政策调整的重要依据。

二、专利密集型产业和经济的关系

1. 专利密集型产业的经济贡献

美国报告和欧盟报告都证明了知识产权密集型产业对经济的影响非常巨大。较早的版权产业对经济贡献的研究由来已久并得到世界公认:许多国家的研究经验表明,就版权产业在 GDP 中的百分比而言,其规模已超过通常的预料,并一直以超过其他经济部门的速度增长。专利密集型产业作为支柱产业,在国民经济和社会发展中发挥着极其重要的作用,其创新能力对实现国家创新战略具有重要意义。因此,研究专利密集型产业对经济的意义在于发现专利密集型产业对经济的贡献,更重要的是要探索根本原因。专利密集型产业之所以成为高级产业,是因为投入了较多的高级生产要素,比如智慧、高层次人才、资本以及较多的研发投入等,因此拥有不易模仿的核心竞争力,加之知识产权制度的保护,专利密集型产业就可以产生较多的附加值,从而对经济的贡献就比其他产业表现得更高、更快。

2. 专利密集型产业与先进产业的关系

除了专利密集型产业,先进产业还包括高新技术产业、战略性新兴产业、高端产业和其他创新产业等。高新技术产业的特点是研发投入高、产品技术含量高。战略性新兴产业的特点是战略性和新兴性。专利密集型产业的特点是产业中的知识产权密集度高[1];高端产业一般是指

---

[1] 王博雅,蔡翼飞. 创新产业支持政策体系研究[J]. 宏观经济研究,2018(10):93-104,120.

高科技含量较多的新兴产业或新概念产业。

三大产业诞生的背景分别如下：

（1）高新技术产业

20世纪70年代，以美国为首的发达国家利用信息、生物和设备制造领域的技术进步来积极促进高新技术的产业化。为了不至于在全球经济竞争中落伍，1988年8月，我国实施了"中国国家高新技术产业化发展计划——火炬计划"，这是中国高新技术产业发展的指导性计划。由科技部（原国家科学技术委员会）经中国政府于1988年8月批准。其目的是实施科教兴国战略，实施改革开放的总体政策充分发挥中国科技力量的优势和潜力，以市场为导向，促进高新技术成果的商品化、高新技术商品产业化和高新技术产业国际化。火炬计划的主要内容包括建立适合中国高科技产业发展的环境，建设高新技术产业开发区和创业服务中心，组织实施火炬计划项目，促进高科技国际化行业，并组织人员培训。《国家高新技术产业开发区"十二五"发展规划纲要》也提到，要努力提高"十二五"国家高技术产业开发区的产业竞争力。培育多种新的产业形态，战略性新兴产业将成为园区的主导产业，现代服务业将占较大比重，传统产业将得到优化升级，产业质量将显著提高，形成有影响力的创新产业集群。其中，发展规模超过千亿元、具有国际竞争力的创新产业集群15个❶。

国际上，经济合作与发展组织（OECD）以总研发经费（直接R&D费用与间接R&D费用之和）占总产值之比、直接R&D费用分别与产值和增加值之比作为评价标准，以此将高技术产业划分为航空航天制造业、计算机与办公设备制造业、电子与通信设备制造业、医药品制造业、科学仪器、电器设备制造业六类，这一分法为世界大多数国家所接受。美国商务部为确定高科技产业提出了两个主要指标：第一，研发强度，即研发费用占销售收入的比重；第二，研发人员（包括科学家、工程师和技术工人）在员工总数中所占的比例。高新

---

❶ 科技部关于印发国家高新技术产业开发区"十二五"发展规划纲要的通知［EB/OL］. http：//www.ndrc.gov.cn/fzgggz/wzly/zcfg/201510/t20151030_756951.html.

技术产业主要包括信息技术、生物技术和新材料技术。美国学者纳尔逊（R. Nelson）在他的《高技术政策的五个国家比较》一书中指出，所谓的高技术产业是指那些主要以大量的研发资金投入和快速的技术发展为特征的产业。此外，加拿大认为，对高科技产业的认可取决于研发资金所反映的技术水平和劳动力的技术素质。法国认为，只有使用标准生产线生产新产品，拥有高素质的劳动力，拥有一定的市场并形成新的工业分支，才可以称为高科技产业。在澳大利亚，新技术的应用和新产品的制造是判断高科技产业的重要标志。在日本，基于产品和生产过程之间更直观和任意的划分，使用工业增长率的概念来定义高科技产业。日本通过广泛传播技术和新兴技术建立了自己的高科技产业。在英国，高科技产业被认为是一组包含新信息技术、生物技术和许多其他技术的产业，这些科技处于科技进步的前沿❶。

中国通常将高新技术产业描述为：高新技术产业是由高新技术企业集团研究、开发、生产、推广和应用形成的。目前，我国对高新技术产业没有明确的定义和标准，通常是根据行业的技术强度和复杂性来衡量的。根据国家统计局 2002 年 7 月发布的《高技术产业统计分类目录》，我国高科技产业的统计覆盖范围包括航空航天飞机制造业、电子及通信设备制造业、电子计算机及办公设备制造业、制药制造业、医疗设备及仪器仪表制造业等行业。

（2）战略性新兴产业

自 21 世纪初以来，网络信息、生命科学和医学等许多科学和技术领域都经历了重大的创新突破。这不仅为中国提供了赶上发达国家的机会，而且对中国尚未建立国际竞争力的新兴产业的发展产生了巨大影响。此外，2007 年发生的次贷危机增加了国内经济的下行压力。同时，中国经济还面临着劳动力成本上涨、制造业国际竞争力下降的挑战，国内经济迫切需要新的工业增长点来推动经济发展。

---

❶ 吴林海. 高技术产业界定的方法和分析［J］. 科技进步与对策, 1999（6）：53 – 55.

时任国家总理温家宝在2009年11月3日所做的《让科技引领中国可持续发展》的重要讲话，首次提出了"战略性新兴产业"的概念，将战略性新兴产业定义为"以重大技术突破和重大发展需求为基础，对经济社会全局和长远发展具有重大引领带动作用，知识技术密集、物质资源消耗少、成长潜力大、综合效益好的产业"。2010年10月，国务院发布了《关于加快培育和发展战略性新兴产业的决定》；2012年7月，国务院印发了《"十二五"国家战略性新兴产业发展规划》，提出"到2020年，力争使战略性新兴产业成为国民经济和社会发展的重要推动力量，增加值占国内生产总值比重达到15%，部分产业和关键技术跻身国际先进水平，节能环保、新一代信息技术、生物、高端装备制造产业成为国民经济支柱产业，新能源、新材料、新能源汽车产业成为国民经济先导产业"。2013年，国家发改委等部门编制了《战略性新兴产业重点产品和服务指导目录》《战略性新兴产业标准化发展规划》等文件。借助国家顶层设计的契机，我国战略性新兴产业发展得如火如荼，在省级规划和政策、资金扶持外，以高新技术开发区等各种产业园区等为载体，通过政策引领、政府推动、利益驱动的方式，进行集中经营、集聚发展，较好地发挥出了规模和示范效应，也体现出了战略性新兴产业集聚发展的丰富内涵。战略性新兴产业对我国经济发展和技术进步有重大的引领和推动作用，"十四五"期间应集中力量解决战略性新兴产业的"难点、痛点、堵点"问题，使战略性新兴产业成为推动国民经济发展的支柱性产业。

界定：时任国家总理温家宝在《让科技引领中国可持续发展》讲话中指出，战略性新兴产业有三个重要特征：一是产品要稳定，市场需求良好；二是具有良好的经济和技术效益；三是应推动许多行业的崛起。科技部发布的《国家"十二五"科学和技术发展规划》中明确，战略性新兴产业是指以重大技术突破和重大发展需求为基础，对经济社会全局和长远发展具有重大引领带动作用、成长潜力巨大的产业，是新兴科技和新兴产业的深度融合，既代表着科技创新的方向，也代表着产业发展的方向，具有科技含量高、市场潜力大、带动能力强、综合效益好等特征。

（3）高端产业

当前全球竞争格局正在重塑，美国、日本、德国、英国、法国等工业强国积极寻找新的机遇和产业发展突破口，以更加积极的政策姿态推动高端产业发展，加快抢占未来科技和产业发展制造点。美国奥巴马政府于 2009 年提出重振制造业战略构想，知名智库布鲁金斯学会 2015 年发布了《美国高端产业：定义布局及重要性》研究报告，2016 年发布了《美国高端产业发展新趋势》研究报告，对美国高端产业进行了详细分析。特朗普政府于 2019 年推出了《美国将主宰未来工业》，将人工智能、先进制造业技术、量子信息科学和 5G 技术列为"推动美国繁荣和保护国家安全"的四项关键技术。2015 年 1 月，日本发布《机器人新战略》，提出要使日本成为世界机器人创新中心，2016 年，日本提出"Society 5.0"口号，指出未来的超智能社会由网络安全、物流网、大数据和人工智能构成，2019 年 4 月，日本政府发布了《制造业白皮书》，指出应充分利用人工智能的发展成果，加快技术传承和节省劳动力。德国政府 2006 年出台《德国高技术战略》，该战略是德国政府制定的一项制造业高科技战略，旨在让德国制造业创新体系朝网络化和智能化方向发展。2013 年 4 月，德国政府在汉诺威工业博览会上正式提出"工业 4.0"战略，即全面实现智能化、数字化、自动化一体，采用双重战略来提升德国制造业国际竞争力：一是在生产领域向制造业企业输入智能理念，为制造业增添活力；二是在市场领域推动国内制造业企业有效整合，进而在提升企业效率的同时提升制造业国际竞争力。此后，德国 2016 年发布《数字化战略 2025》，2018 年出台《高科技战略 2025》，2019 年发布《国家工业战略 2030》，为德国未来高科技产业制定了具体发展战略，明确提出将进一步引领欧洲乃至全球范围的旗舰产业。英国自 2011 年开始提出六大优先发展制造业领域，重点推进航空航天、汽车制造、医药、军工、电子、能源等企业数字化进程，2017 年英国特蕾莎·梅政府公布了《现代产业战略：构建适应未来的英国》白皮书，被视为打造后脱欧时代英国的关键计划。2015 年，法国提出"新工业法国"战略，强调推动企业生产设备现代化并实现商业、组织和经营数字化，政府通过未来投资计划的持续实施，重点推动数字经济、智能设备、网络安全、智能食品、新材料、智慧城市、新能源汽车、交通设备和未来医疗9个制造业领域。

界定：全球知名智库布鲁金斯学会于2015年2月发布《美国高端产业》研究报告，该报告将符合以下两条标准的产业定义为高端产业：一是产业中每个工人的R&D支出必须高于或等于行业标准的80%，即超过450美元/人；二是产业中获得STEM（Science科学、Technology技术、Engineering工程、Mathematics数学）学位的人数必须高于全国平均水平，或者占全体工人数的21%。

（4）专利（知识产权）密集型产业

在国际上，2012年，美国首次定义了知识产权密集型产业，2013年，欧盟采用了相同的方法来衡量知识产权密集型产业对欧盟经济的贡献，着眼于宏观视角。知识产权和经济发展对工业和企业的中微观水平的影响，具有划时代意义。继2012年之后，美国于2016年9月发布了《知识产权与美国经济：2016年更新版》；继2013年之后，欧盟于2016年和2019年发布了《知识产权密集型产业及其在欧盟的经济表现》。可见发达国家和地区更加重视专利和知识产权制度在经济发展中的领导作用，以抓住全球创新和改革的机会，并建立适应工业革命的新竞争优势。2015年12月22日，《国务院关于新形势下加快知识产权强国建设的若干意见》提出要培育密集型知识产权产业。2016年10月28日，国家知识产权局发布了《专利密集型产业目录（2016年）》，2017年3月12日，国家知识产权局局长申长雨在第十二届全国人民代表大会第五次会议进一步指出，要加强密集型知识产权建设，2018年，国家知识产权局发布了《知识产权重点支持产业目录（2018年本）》，进一步促进了知识产权密集型产业发展。可见，在政府工作层面上，专利密集型产业已成为工作重点；同时，全球市场竞争的重点是知识产权，作为企业竞争与合作的战略要素，渗透到企业经营和决策的全过程。

界定：根据国家统计局发布的《知识产权（专利）密集型产业

统计分类（2019）》，知识产权（专利）密集型产业至少应当具备下列条件之一：①行业发明专利规模和密集度均高于全国平均水平；②行业发明专利规模和 R&D 投入强度高于全国平均水平，且属于战略性新兴产业、高技术制造业、高技术服务业；③行业发明专利密集度和 R&D 投入强度高于全国平均水平，且属于战略性新兴产业、高技术制造业、高技术服务业。对于工业行业，上述条件中的全国平均水平是指全国工业平均水平。

目前，这些创新产业的概念存在交叉，相关政策相互之间既存在交叉重复也有缺位。王博雅、蔡翼飞（2018）指出，创新产业的覆盖面宽泛，政策边界模糊，主要原因是这些产业的统计口径和主管部门不同，涉及科技部、国家发改委、国家知识产权局、国家统计局等多个部委。事实上，根据生产要素的特点，可以发现创新产业的共性，它们都涉及知识产权要素培育的过程，无论是以研发投入密集、科技含量高的高科技产业，还是以处于萌芽和起步期为特征的战略性新兴产业，要提高产业在全球价值链的地位和经济效益，无不应当将培育本土富有竞争力的知识产权要素作为重要或终极目标。高科技产业区别于传统产业的特征在于，技术、研发人员等高级要素向初级要素辐射和渗透，不断促进专利、商标等高级生产要素的诞生，后者结合技术、劳动力、资本、土地等生产要素，使得初级生产要素的边际收益递减的拐点"推迟"，同时基于熊彼特理论的知识（知识产权）的边际递增效应，使得产业获得高额利润，从而成为主导国家发展的重要支柱产业。对于战略性新兴产业来说，尽管由于诞生晚、技术新，一开始的知识产权创新要素并不聚集，知识产权要素密度也不够高，但如果不能抢占先机，使得知识产权要素成为战略性新兴产业的主导要素，战略性新兴产业也势必会失去发展的动力，在全球价值链的"微笑曲线"里成为低端环节。高端产业则一般指研发投入比较高和高科技人才比较集中的产业，这些产业由于有比较高级的人、财、资本等投入要素，最终凝结出的包括专利在内的知识产权要素也会比较密集。

第二篇 专利密集型产业划分方法的实证研究

第三章 生产要素视角下的专利密集型产业

专利密集型产业已成为我国国家创新产业体系中的重要一环，然而对于专利密集型产业的概念和边界、理论基础仍有不清晰的地方，这限制了专利密集型产业进一步的培育和发展。本章基于生产要素演化理论界定了专利密集型产业的概念，借鉴已有的劳动密集型产业的计算方法，采用 k – means 算法对 2008—2016 年的专利密集型产业进行了动态测度和分析，从而以动态演化的视角重新界定了专利密集型产业的分类。

第一节 生产要素密集型产业概述

本章主要讨论知识产权（专利）密集型产业的变化趋势，为更好地描述知识产权（专利）密集型产业，笔者认为有必要对它和其他生产要素密集型产业进行对比，分别是劳动密集型产业、资本密集型产业和知识（技术）密集型产业，分述如下。

一、劳动密集型产业

劳动密集型产业伴随着经济发展的全过程，逐步由占主导地位阶段向占非主导地位阶段过渡。据专家研究，美国以劳动密集型产业为主导的工业化阶段持续了 110 年，日本持续了 80 年，中国台湾持续了 40 年。我国的工业化还处于从初期向中期的过渡阶段，劳动力呈典型的"无限供给"的特征，劳动密集型产业对经济增长的贡献和潜能尚未完全释放出来，可以说，我国以劳动密集型产业为主导的工业化阶段还要持续较长的时期。

劳动密集型产业通过劳动力要素的密集投入来获得产业增加值，其产业特征是单位资本占用劳动力较多或单位劳动占用资本较少。以"固定资产原价"作为资本量，以"全部从业人员年平均人数"作为劳动力数量，计算各行业的资本与劳动的比值（人均资本），将此比值与工业部门总的人均资本值相比较，小于人均资本值的行业则定义为劳动密集型行业，大于人均资本值的行业则定义为资本密集型行业❶。劳动密集型产业以初中以下低教育水平劳动力和低技能劳动力（"两低"）人员占总就业人数的比重进行衡量。劳动密集型产业一般为低层次的商贸餐饮等服务业和纺织服装鞋帽、玩具、食品加工等制造业以及建筑业等。劳动密集型产业的劳动对象可为自然资源和初级产品。

二、资本密集型产业

资本密集型产业又称资金密集型产业，以资本的密集投入为特征，是在19世纪中晚期发展起来的一种产业。该产业需要大量关于设备和基础建设方面的资金投入，以最终获得利润。在单位产品成本中，资本成本与劳动成本相比所占比重较大，每个劳动者所占用的固定资本和流动资本金额较高。同知识（技术）密集型产业相比，资本密集型产业的产品产量同投资量成正比，而同产业所需劳动力数量成反比。所以，凡产品成本中物化劳动消耗比重大，而活劳动消耗比重小的产品，一般称为资本密集型产品。发展资本密集型产业，需大量技术设备和资金。

资本密集型产业以资产折旧在要素增加值中的比重来衡量❷，一般是指单位产品所需投资多，用于产业经济活动的装备占比重较大，原材料及能源消耗多，资本（金）有机构成高的产业。当前，资本密

---

❶ 韦玉琼. 劳动密集型产业在浙江制造业中的地位和演化 [J]. 现代商业, 2017 (36): 189-190.

❷ 周勇, 王员顺, 周湘. 要素角度的产业划分 [J]. 当代财经, 2006 (3): 88-91.

集型产业主要指钢铁业、电子与通信设备制造业、运输设备制造业、石油化工、重型机械工业、电力工业等。资本密集型工业主要分布在基础工业和重加工业,一般被看作发展国民经济、实现工业化的重要基础。

三、知识密集型产业

知识密集型产业亦称技术密集型产业,继农业经济、工业经济之后,人类社会逐步进入了知识经济时代。经济合作与发展组织(OECD)在《1996年科学、技术和产业展望》中提出"以知识为基础的经济"概念,其定义是"知识经济直接以生产、分配和利用知识与信息为基础"。OECD认为,知识经济具有四个主要特点:①科技创新;②信息技术;③服务产业;④人力素质。它测算出,过去10年中(以1996年为基准)其主要成员方的国内生产总值中,50%以上是以知识为基础的,也就是目前通常流行的说法,发达国家知识经济对GDP的贡献已达到了50%以上❶。经济发展使生产要素由第一产业逐渐向第二产业和第三产业转移。随着经济发展和资本的不断积累,劳动密集型产业在国民经济中所占的比重不断下降,而资本和知识密集型产业的比重不断上升。产业结构的演进和产业地位的变动,使得知识密集型制造业和知识密集型服务业在国民经济中的比重越来越大,地位越来越重要❷。

技术密集型产业通常以高学历和高技术素质("两高")人员占总就业人数的比重、设备的先进程度、开发费用投入占总产值的比重来衡量,度量技术的具体指标见表3-1。知识密集型产业以知识产品(研究成果、创意、方案、专利等)转让值占总产值的比重及高学历和高技术素质人员占总就业人数的比重(在知识密集型产业中,该比

---

❶ 华淑华. 知识产业的界定及其在上海产业结构中的位置 [J]. 毛泽东邓小平理论研究,2002 (2):71-75,57.
❷ 王晓亚. 知识密集型产业协同发展与企业技术创新——作用机理与实证研究 [J]. 科学学与科学技术管理,2017,38 (4):96-104.

重远远高于技术密集型产业)来衡量❶。我国目前较公认的知识密集型产业包括航空航天器制造业、交通运输设备制造业、电子及通信设备制造业、电子计算机及办公设备制造业、化学纤维制造业、专用设备制造业、医疗设备及仪器仪表制造业、医药制造业、化学原料及化学制品制造业、电器机械及器材制造业和工艺品及其他制造业 11 个产业❷。

表 3-1 度量技术的具体指标

作者	使用指标	加权方法
刘仁毅等(1985)❸	研究与开发费用/销售额;从事研究与开发活动的科学家、技术人员/就业人数;研究与开发费用/从事研究与开发活动的研究人员	算术加权平均
张长春(1994)❹	工人文化程度、工程技术人员比重、设备状况	主成分分析、专家打分
李耀新(1991)❺	工程技术人员数/职工人数	无
张玉(2007)❻	研发费用/产品生产成本;技术人员数/员工总人数	算术加权平均

第二节 生产要素密集型产业的分类方法

从既有文献来看,基于生产要素密集度的产业划分方法主要有两种:两分法和三分法。"两分法"可以理解为两次划分,即首先利用

---

❶ 周勇,王国顺,周湘. 要素角度的产业划分 [J]. 当代财经,2006 (3):88-91.

❷ 袭希. 知识密集型产业技术创新演化机理及相关政策研究 [D]. 哈尔滨:哈尔滨工程大学,2013.

❸ 刘仁毅,乔依德,周八骏,等. 按生产要素密集度对工业进行分类的指标体系和统计方法 [J]. 上海社会科学院学术季刊,1985 (1):37-51.

❹ 张长春. 我国要素密集型行业划分与优势区分布 [J]. 中国工业经济研究,1994 (7):30-35,8.

❺ 李耀新. 我国工业生产要素密集型产业结构的特征分析 [J]. 经济研究,1991 (12):40-45,52.

❻ 张玉. 中国进出口商品要素密集度与比较优势基础 [D]. 天津:天津财经大学,2007.

劳动与资本密集度指标把产业分为劳动密集型与资本密集型产业；然后利用技术密集型指标把产业划分为知识（技术）密集型或非知识（技术）密集型产业。最终形成四种要素密集型产业。如前文所述的刘仁毅等、张长春采用的就是两分法。而所谓"三分法"则是将产业直接划分为劳动密集型、资本密集型和知识（技术）密集型，如李耀新（1991）采取的就是这种方法。二者区别如图3-1所示。

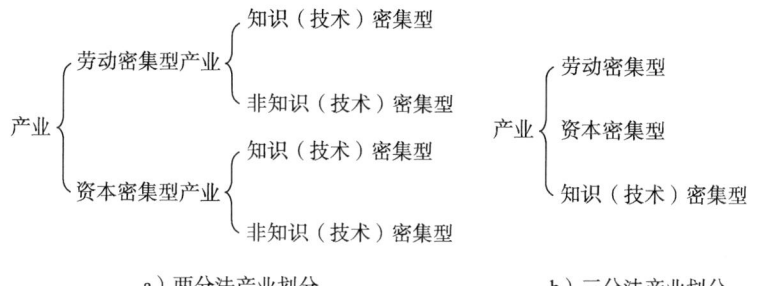

a）两分法产业划分　　　　　　b）三分法产业划分

图3-1　两分法与三分法产业分类

两分法和三分法争论的焦点在于是否应该将技术作为与劳动、资本相并列的投入要素。例如王文声和易丹辉（1988）❶建议使用两分法。他们认为资本与劳动是一对互不相容的概念，即资本不包括劳动、劳动不包含资本。而知识（技术）则不然，它会渗透到劳动与资本中去，把知识这个要素与资本、劳动全部分开，是不可能的。因此不能将知识（技术）与资本、劳动并列，而应当分开处理。而李耀新（1991）则认为技术已经成为生产中的重要投入。产业按照劳动密集型产业、资本密集型产业和知识（技术）密集型产业的顺序进行升级，即如果 $U \in (LI, CI, TI)$ 分别表示劳动密集型产业、资本密集型产业、知识（技术）密集型产业。$f(u, t)$ 代表与产业结构相匹配的社会生产力，一旦技术进步引起产业结构的演进，社会生产力必将高速发展。具体如图3-2所示。因此可以将知识（技术）放在与劳动、资本同等的位置上进行处理。

---

❶ 王文声，易丹辉. 关于工业生产要素密集度研究的统计方法［J］. 统计研究，1988（1）：49-54.

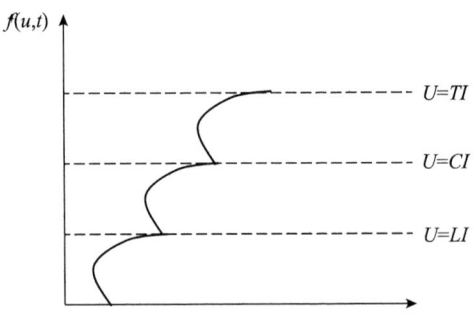

图3-2 不同生产要素密集型产业的升级顺序

无论是两分法还是三分法，在衡量指标上都面临着选取的主观性和一定的困难，由于本节关注的是专利密集型产业，因此可以将所谓的劳动密集型产业、资本密集型产业以及有一定知识（技术）含量但与知识产权密集型产业还有一定差距的产业都划分为非知识产权密集型产业，从而将知识产权密集型产业从产业中抽取出来，即采用图3-3所示的方法。

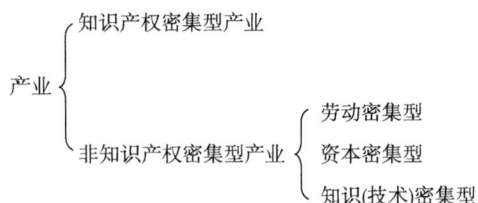

图3-3 抽取法产业划分的示意

第三节 专利密集型产业的演变

国际上，美国和欧盟报告将专利制度对经济和科技贡献的视角聚焦于中观产业层面，具有划时代意义，这些报告中对知识产权密集型产业（含专利密集型产业）的定义方式见表3-2。

表3-2 知识产权密集型产业的定义方法

类型	专利密集型产业	商标密集型产业	版权密集型产业
美国	与专利保护最密切的产业，以专利强度作为判断依据	与商标保护最密切的产业，综合商标强度、美国年度商标注册量50强、商标注册随机抽样三种方式确定	创造及产生版权资料（受版权保护的对象）的产业
欧盟	专利强度高于平均水平的产业	商标强度高于平均水平的产业	完全从事创作、制作和制造、表演、广播、传播和展览或销售发行作品以及其他受保护客体的产业

在国内，国家知识产权局（2016）的计算方法如图3-4所示，即根据国民经济行业分类与IPC分类进行了对应，统计出中类产业的专利数量，除以产业的从业人员数，采用一个指标测度了专利强度，从而得出了专利密集型产业的名单。

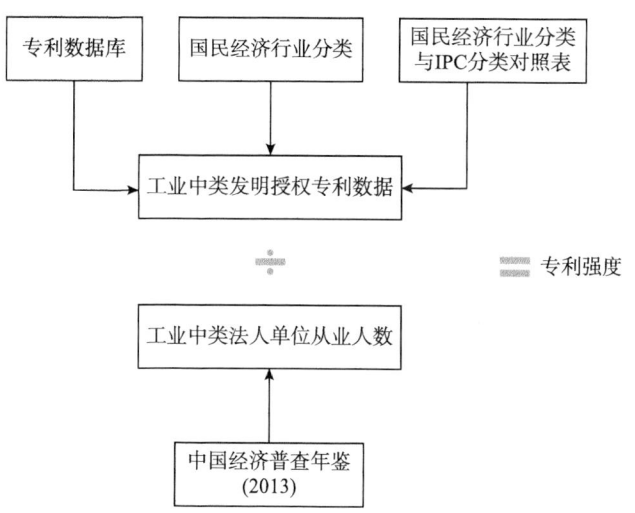

图3-4 国家知识产权局测度专利密集型产业的方法

2017年，江苏省发布了《江苏省知识产权密集型产业统计报告》❶，报告表明，2016年，江苏共有102个知识产权密集型产业，其中33个是专利密集型产业，35个是商标密集型产业，51个是版权密集型产业，同时为专利密集型和商标密集型产业的有17个。2016年，江苏知识产权密集型产业增加值为24427.07亿元，从业人员数为599.93万人，以12.61%的就业创造了32.10%的GDP。其中专利密集型产业平均增加值是非专利密集型产业的3.36倍，平均从业人员数是非专利密集型产业的2.63倍。江苏省测度专利密集型产业的方法如图3-5所示。

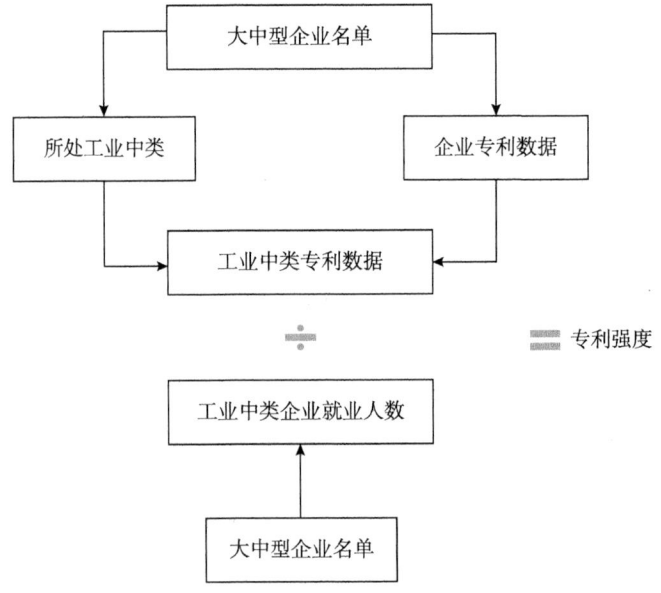

图3-5 江苏省测度专利密集型产业的方法

近年来，国内一些学者也对专利密集型产业进行了研究。姜南、单晓光、漆苏（2014）对专利密集型产业的定义如下❷：

---

❶ 江苏发布知识产权密集型产业报告 [EB/OL]．[2019-01-24]．http://xh.xhby.net/mp3/pc/c/201711/12/c402108.html．

❷ 姜南，单晓光，漆苏．知识产权密集型产业对中国经济的贡献研究 [J]．科学学研究，2014，32（8）：1157-1165．

① 当 $\lambda_i > \left(\bar{\lambda} = \dfrac{\sum\limits_{i=1}^{n} P_i}{\sum\limits_{i=1}^{n} E_i}\right)$ 时，该产业为专利密集型产业，其中 P_i 表示第 i 个产业当年的发明专利申请数量，E_i 表示第 i 个产业当年的从业人数。

② 当 $\lambda_i' > \left(\bar{\lambda}' = \dfrac{\sum\limits_{i=1}^{n} SI_i}{\sum\limits_{i=1}^{n} E_i}\right)$ 时，该产业为专利密集型产业，其中 SI_i 表示第 i 个产业当年拥有发明专利数量（存量），E_i 表示第 i 个产业当年的从业人数。

③ 当 $\lambda_i' > \left(\bar{\lambda}' = \dfrac{\sum\limits_{i=1}^{n} P_i}{\sum\limits_{i=1}^{n} O_i}\right)$ 时，该产业为专利密集型产业，其中 P_i 表示第 i 个产业当年发明专利申请数量，O_i 表示第 i 个产业当年的工业总产值。

④ 当 $\lambda_i > \left(\bar{\lambda} = \dfrac{\sum\limits_{i=1}^{n} SI_i}{\sum\limits_{i=1}^{n} O_i}\right)$ 时，该产业为专利密集型产业，其中 SI_i 表示第 i 个产业当年拥有发明专利数量（存量），O_i 表示第 i 个产业当年的工业总产值。

张劲文（2015）则采取 AHP 法和专家评分法定义了专利密集型产业并进行了统计分析，基本指标包括每万人拥有专利数、R&D 投入强度、每亿元产值有效发明专利拥有量[1]。李黎明（2016）利用多重指标定义了专利密集型产业，提出一个测算公式——产业专利密集度 = Fuzzy（千人发明专利申请量，万人发明专利拥有量，研发强度，研发

---

[1] 张劲文. 知识产权产业的定义与统计分类研究［J］. 科学学研究，2015，33（1）：45－54，127.

人员比重），即通过四个指标综合测度专利密集型产业❶。

可以看出，专利密集型产业已有的定义方法都局限于技术、研发强度、专利的相关密度的算法，而忽视并割裂了与劳动密集型产业、资本密集型产业的相关关系，因此在本节提出基于不同生产要素密集型特征的定性描述进行改进计算。

从指标设置来看，西方国家衡量资本密集度和劳动密集度的指标主要有三个：①资本—劳动力比率（K/L）；②资本—产出比率（资本系数，K/V）；③产出—劳动力比率（V/L）。

关于衡量技术密集度的指标，西方国家使用较为普遍的指标主要有：①R&D 费用/销售额（或附加价值）（RC/V）；②从事 R&D 活动的科学家、工程技术人员/就业人数（RC/L）；③R&D 费用/从事 R&D 人员人数（RC/RP）。

综合国内外生产要素密集型产业划分的研究成果，从生产要素密集型产业的基本概念和各自特点出发，数据分别来源于 2017 年《中国统计年鉴》《中国工业统计年鉴》《中国劳动统计年鉴》，采用 2016 年数据建立指标体系如下：

（1）劳动集约度（A）

$$A = \frac{工资总额}{主营业务成本}$$

（2）人均资金（B）

$$B = \frac{固定资产 + 流动资金}{职工人数}$$

（3）技术人员比例（C）

$$C = \frac{R\&D 人员全时当量}{职工人数}$$

（4）专利密集度（D）

$$D = \frac{发明专利申请数}{职工人数}$$

---

❶ 李黎明. 知识产权密集型产业测算：欧美经验与中国路径 [J]. 科技进步与对策，2016，33（14）：55-62.

一、采用方法

基于前面的分析思路,这里采取 k – means 算法,k – means 算法是最为经典的基于划分的聚类方法,是十大经典数据挖掘算法之一。k – means 算法的基本思想是:以空间中 k 个点为中心进行聚类,对最靠近它们的对象归类。通过迭代的方法,逐次更新各聚类中心的值,直至得到最好的聚类结果。k – means 算法接受参数 k;然后将事先输入的 n 个数据对象划分为 k 个聚类以便使得所获得的聚类满足:同一聚类中的对象相似度较高;而不同聚类中的对象相似度较小。聚类相似度是利用各聚类中对象的均值所获得一个"中心对象"(引力中心)来进行计算的。

假设要把样本集分为 c 个类别,算法描述如下:

(1) 适当选择 c 个类的初始中心。

(2) 在第 k 次迭代中,对任意一个样本,求其到 c 个中心的距离,将该样本归到距离最短的中心所在的类。

(3) 利用均值等方法更新该类的中心值。

(4) 对于所有的 c 个聚类中心,如果利用(2)(3) 的迭代法更新后,值保持不变,则迭代结束,否则继续迭代。

k – means 算法流程如图 3 – 6 所示。k – means 算法的流程是:首先从 n 个数据对象中任意选择 k 个对象作为初始聚类中心;而对于剩下的其他对象,则根据它们与这些聚类中心的相似度(距离),分别将它们分配给与其最相似的(聚类中心所代表的)聚类;然后再计算每个所获新聚类的聚类中心(该聚类中所有对象的均值);不断重复这一过程直到标准测度函数开始收敛。一般都采用均方差作为标准测度函数,k 个聚类具有以下特点:各聚类本身尽可能紧凑,而各聚类之间尽可能分开。

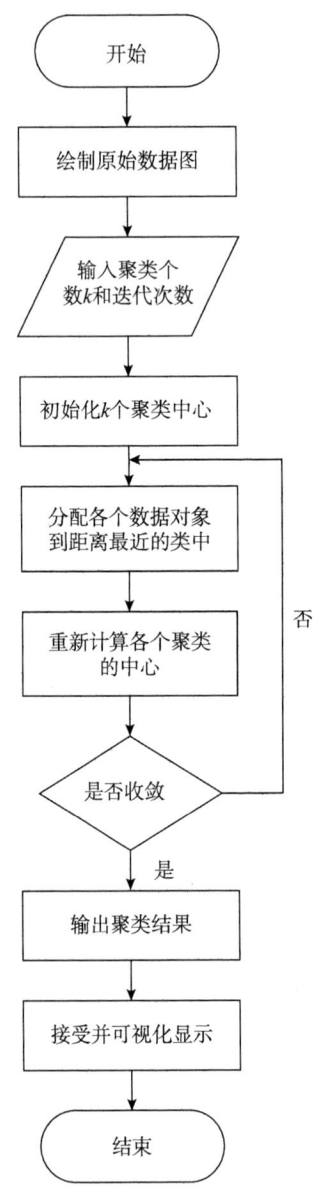

图 3-6　k-means 算法流程

二、计算结果

以 2016 年数据为例,给出劳动密集型、资本密集型和专利密集型产业的测算指标，分别以劳动密集度、资本密集度、技术密集度和专利密集度表示，见表3-3。

表3-3 2016年各产业生产要素密集度指标

序号	产业名称	劳动密集度（总工资/主营业务成本）	资本密集度（资产总计/人数，单位：亿元/千人）	技术密集度（R&D全时当量/人数，单位：人年/千人）	专利密集度（发明专利申请/人数，单位：件/千人）
1	煤炭开采和洗选业	0.107	16.138	12.154	0.206
2	石油和天然气开采业	0.110	29.002	35.511	1.648
3	黑色金属矿采选业	0.022	46.386	15.804	1.817
4	有色金属矿采选业	0.023	24.660	19.407	0.771
5	非金属矿采选业	0.020	22.168	18.387	1.193
6	农副食品加工业	0.013	18.903	27.490	2.536
7	食品制造业	0.034	12.514	27.363	2.483
8	酒、饮料和精制茶制造业	0.039	16.879	22.128	1.326
9	烟草制品业	0.118	48.437	22.358	6.618
10	纺织业	0.025	12.585	32.657	1.952
11	纺织服装、服饰业	0.055	5.774	14.395	0.706
12	皮革、毛皮、羽毛及其制品和制鞋业	0.053	4.824	12.654	0.536
13	木材加工和木、竹、藤、棕、草制品业	0.013	16.601	34.497	2.534
14	家具制造业	0.038	9.961	26.690	2.903
15	造纸和纸制品业	0.028	21.563	36.996	2.543
16	印刷和记录媒介复制业	0.047	10.123	27.297	1.867
17	文教、工美、体育和娱乐用品制造业	0.041	7.040	24.125	1.895
18	石油加工、炼焦和核燃料加工业	0.017	41.223	22.076	1.462
19	化学原料和化学制品制造业	0.022	29.109	68.443	7.344

续表

序号	产业名称	劳动密集度（总工资/主营业务成本）	资本密集度（资产总计/人数，单位：亿元/千人）	技术密集度（R&D全时当量/人数，单位：人年/千人）	专利密集度（发明专利申请/人数，单位：件/千人）
20	医药制造业	0.052	17.741	80.463	6.460
21	化学纤维制造业	0.021	28.144	69.707	3.390
22	橡胶和塑料制品业	0.035	12.531	43.248	3.653
23	非金属矿物制品业	0.022	21.265	35.257	2.647
24	黑色金属冶炼和压延加工业	0.021	31.861	45.779	2.904
25	有色金属冶炼和压延加工业	0.014	32.994	53.672	3.551
26	金属制品业	0.027	15.436	54.730	4.544
27	通用设备制造业	0.040	16.833	81.032	7.709
28	专用设备制造业	0.041	18.487	87.465	10.525
29	汽车制造业	0.037	20.090	67.233	4.505
30	铁路、船舶、航空航天和其他运输设备制造业	0.049	20.997	90.616	8.900
31	电气机械和器材制造业	0.038	16.604	73.468	10.883
32	计算机、通信和其他电子设备制造业	0.054	11.192	60.988	10.035
33	仪器仪表制造业	0.062	12.423	97.707	10.196
34	其他制造业	0.050	10.860	47.761	4.370
35	金属制品、机械和设备修理业	0.113	17.060	49.774	3.112
36	电力、热力生产和供应业	0.056	44.515	7.401	3.084
37	燃气生产和供应业	0.037	30.310	8.050	0.256
38	水的生产和供应业	0.214	20.111	3.991	0.208

对 2011—2016 年数据进行 k-means 方法聚类分析，得到的结果见表 3-4、表 3-5，可以看出，分组之间差距较大，分组效果较好。

表 3-4　2011—2013 年最终聚类中心之间的距离

聚类	2011 年		2012 年		2013 年	
	2	3	2	3	2	3
1	57.403	21.665	35.3	31.149	34.797	23.19
2		37.179		66.067		57.983

表 3-5　2014—2016 年最终聚类中心之间的距离

聚类	2014 年		2015 年		2016 年	
	2	3	2	3	2	3
1	37.023	23.884	36.071	24.096	40.4	24.625
2		60.898		60.109		63.604

按照 k-means 聚类分析的结果，依次选取出 2011—2016 年的专利密集型产业，得到的结果见表 3-6。

表 3-6　2011—2016 年专利密集型产业统计

年份 序号	2016	2015	2014	2013	2012	2011
1	化学原料和化学制品制造业	化学原料和化学制品制造业	化学原料和化学制品制造业	化学原料和化学制品制造业	医药制造业	医药制造业
2	医药制造业	医药制造业	医药制造业	医药制造业	通用设备制造业	化学纤维制造业
3	化学纤维制造业	化学纤维制造业	化学纤维制造业	化学纤维制造业	专用设备制造业	通用设备制造业
4	通用设备制造业	通用设备制造业	通用设备制造业	通用设备制造业	铁路、船舶、航空航天和其他运输设备制造业	专用设备制造业
5	专用设备制造业	专用设备制造业	专用设备制造业	专用设备制造业	电气机械和器材制造业	电气机械和器材制造业

续表

年份 序号	2016	2015	2014	2013	2012	2011
6	汽车制造业	汽车制造业	汽车制造业	汽车制造业	计算机、通信和其他电子设备制造业	通信设备、计算机及其他
7	铁路、船舶、航空航天和其他运输设备制造业	铁路、船舶、航空航天和其他运输设备制造业	铁路、船舶、航空航天和其他运输设备制造业	铁路、船舶、航空航天和其他运输设备制造业	仪器仪表制造业	仪器仪表及文化、办公用机械制造业
8	电气机械和器材制造业	电气机械和器材制造业	电气机械和器材制造业	电气机械和器材制造业		交通运输设备制造业
9	仪器仪表制造业	仪器仪表制造业	仪器仪表制造业	仪器仪表制造业		
10	计算机、通信和其他电子设备制造业	计算机、通信和其他电子设备制造业				

小结：专利密集型产业是一个相对的概念。这种相对性表现在以下方面：

第一，专利密集型产业的定义是相对的，它指代的是各种生产要素中知识产权要素投入相对比例较高的产业，它的划分不能仅仅看知识产权要素的变化，还需要结合其他生产要素的投入来衡量，例如，在表3-6中，同一产业，如化学原料和化学制品制造业在不同年份的划分中，会进入或移出专利密集型产业的榜单，这说明结合其他投入的要素，该产业更靠近某一个生产要素密集型产业。

第二，专利密集型产业的划分是一个动态的概念，不能简单地理解为要素间存在某种固定的比例，或者以某一人为设定的比例作为产业划分的标准，要注意用新的数据进行修正。

第三，专利密集型产业的变化是多方面的，或源于技术因素，比如技术进步,生产工艺的改进使得技术投入比例发生改变;或源于资本因素或劳动因素等动态的要素禀赋发生改变,比如生产主体基于提高效率对资本或劳动进行了替代;或源于产业政策调整,规划者对要素密集型产业进行倾斜性发展,从而"扭曲"了产业的性质,例如在政策因素下历年来快速增长的专利数量,也会刺激某些产业成为专利密集型产业。

第四章 专利密集型产业与经济发展

第一节 专利密集型产业与全要素生产率

全要素生产率（TFP）是宏观经济学的重要概念，也是分析经济增长源泉的重要工具，尤其是政府制定长期可持续增长政策的重要依据。首先，估算全要素生产率有助于进行经济增长源泉分析，即分析各种因素（投入要素增长、技术进步和能力实现等）对经济增长的贡献，识别经济是投入型增长还是效率型增长，确定经济增长的可持续性。其次，估算全要素生产率是制定和评价长期可持续增长政策的基础。具体来说，通过全要素生产率增长对经济增长贡献与要素投入贡献的比较，可以确定经济政策是应以增加总需求为主还是应以调整经济结构、促进技术进步为主。

全要素生产率一般的含义为资源（包括人力、物力、财力）开发利用的效率。从经济增长的角度来说，生产率与资本、劳动等要素投入都有利于经济的增长。从效率角度考察，生产率等同于一定时间内国民经济中产出与各种资源要素总投入的比值。从本质上讲，它反映的是某个国家（地区）为了摆脱贫困、落后和发展经济在一定时期里表现出来的能力和努力程度，是技术进步对经济发展作用的综合反映。全要素生产率是用来衡量生产效率的指标，它有三个来源：一是效率的改善；二是技术进步；三是规模效应。在计算上它是除去劳动、资本、土地等要素投入之后的"余值"，由于"余值"还包括没有识别带来增长的因素、概念上的差异以及度量上的误差，它只能相对衡量效益改善技术进步的程度。20 世纪 50 年代，诺贝尔经济学奖获得者罗伯特·M.索洛（Robert Merton Solow）提出了具有规模报酬不变特性的总量生产函数和增长方程，形成了通常所说的生产率（全要素生产率）含义，并把它归结为是由技术进步而产生的。

在增长核算领域，全要素生产率是衡量一个经济体以给定投入获得经济产出的有效方法。发达国家和发展中国家人均收入差异的主要原因是全要素生产率存在差异。换句话说，大多数人均收入的差异并不能用可用资本和劳动力的差异来解释。此外，随着时间的推移，人均收入的持续增长有赖于全要素生产率的增长。如果技术未能取得进步，劳动力和资本的增加对于提高人均收入的潜力会受到限制❶。

包含专利在内的知识产权要素与劳动、资本共同作用于产业的经济发展，应当以产业的全要素生产率为目标，衡量包括知识产权要素在内的各生产要素对经济的贡献度，而不是简单地以工业生产总值作为衡量目标。

本节数据来源于《中国工业统计年鉴》（2014—2017年），这是因为《中国工业统计年鉴》从2014年开始提供工业三位代码（中类）的相关数据。

借鉴有关文献研究❷，投入指标和产出指标分别选取如下。

投入指标：从业人员平均人数（万人）、固定资产合计（亿元）、产业发明专利授权量（件）。

产出指标：主营业务收入（亿元）。

一、采用方法

本节采用 DEA – Malmquist 模型测算产业的全要素生产率，Malmquist 生产率指数最初由瑞典经济学家和统计学家 Malmquist（1953）提出，用来分析不同时期的消费变化。Faree 等（1957）通过

---

❶ 许林玉. 关于创新和专利的11个事实［J］. 世界科学，2018（5）：37–42.
❷ 闫永琴，尹丽琴. 全要素生产率分解下的我国制造业异质性与成长能力研究［J］. 贵州财经大学学报，2018（6）：46–55.
易明，彭甲超. 我国高新技术产业专利创新效率演变规律及空间差异研究——基于全要素生产率的测算与分解［J］. 科技进步与对策，2018，35（5）：68–73.

对 DEA 方法的改进，建立了用来考察两个时期的生产效率变化的 Malmquist 指数。Caves 等（1982）首先将该指数应用于生产率变化的测算，此后与 Charnes 等（1978）建立的 DEA 理论相结合，在生产率测算中的应用日益广泛。利用 DEA–Malmquist 生产率指数方法研究 TFP（全要素生产率）主要有四个方面的优点：

① 可以利用多种投入与产出变量进行效率分析，且不需要相关的价格信息；

② 适用于面板数据分析；

③ 可以进一步分解为技术效率变化指数和技术进步变化指数两个部分；

④ 不需要特定的生产函数和生产无效率项的分布假设。

基于以上优点，本书使用 Fare（1994）构建的基于 DEA 的 Malmquist 指数方法来计算专利密集型产业的 TFP 增长。

Malmquist 指数构造的基础是距离函数，根据 Fare 等将距离函数定义为 Farrell 技术效率的倒数，这种基于投入的距离函数可以看作决策单元由某一生产点向理想最小投入点的压缩比例。从而在时期 t、技术参考集处于固定规模报酬 C 和投入要素可处置强度 S 条件下，其投入的距离函数可以表示为

$$d_0^t(y^t, x^t) = \frac{1}{f_0^t(y^t, x^t \mid C, S)} \quad (4.1)$$

基于产出的全要素生产率指数可以用 Malmquist 指数来表示为

$$m_0^t = \frac{d_0^t(x^t, y^t)}{d_0^t(x^{t+1}, y^{t+1})} \quad (4.2)$$

该指数测度了在时期 t 的技术条件下，从时期 t 到 $t+1$ 的技术效率变化。同理，可以定义在时期 $t+1$ 的技术条件下，测度从时期 t 到 $t+1$ 的技术效率变化的 Malmquist 指数，即

$$m_0^{t+1} = \frac{d_0^{t+1}(x^t, y^t)}{d_0^{t+1}(x^{t+1}, y^{t+1})} \quad (4.3)$$

为了避免由于时期选择的任意性所带来的差异，Fare 等以两个时期技术 Malmquist 指数的几何平均值作为 Malmquist 指数。1994 年 Fare

等证明,Malmquist 指数同样可以分为效率变化和技术变化两部分,并将效率变化和技术变化进一步分解为纯效率变化和规模效率变化。Malmquist 指数变换的具体形式为

$$
\begin{aligned}
m_0 &= (x^{t+1}, y^{t+1}, x^t, y^t) \\
&= \left[\left(\frac{d_0^t(x^{t+1}, y^{t+1})}{d_0^t(x^t, y^t)}\right)\left(\frac{d_0^{t+1}(x^{t+1}, y^{t+1})}{d_0^{t+1}(x^t, y^t)}\right)\right]^{1/2} \\
&= \frac{d_0^{t+1}(x^{t+1}, y^{t+1})}{d_0^t(x^t, y^t)}\left[\left(\frac{d_0^t(x^{t+1}, y^{t+1})}{d_0^{t+1}(x^{t+1}, y^{t+1})}\right)\left(\frac{d_0^t(x^t, y^t)}{d_0^{t+1}(x^t, y^t)}\right)\right]
\end{aligned}
\quad (4.4)
$$

其中,$EC = \frac{d_0^{t+1}(x^{t+1}, y^{t+1})}{d_0^t(x^t, y^t)}$,$TE = \left[\left(\frac{d_0^t(x^{t+1}, y^{t+1})}{d_0^{t+1}(x^{t+1}, y^{t+1})}\right)\left(\frac{d_0^t(x^t, y^t)}{d_0^{t+1}(x^t, y^t)}\right)\right]^{1/2}$,分别表示时期 t 到 $t+1$ 的技术效率变化和技术进步变化。m_0 表示资源配置效率的 Malmquist 指数(TFP),若 $m_0 > 1$,则表示资源配置效率呈上升趋势;若 $m_0 = 1$,则表示资源配置效率呈稳定趋势;若 $m_0 < 1$,则表示资源配置效率呈衰退趋势。同理,EC 和 TE 的数值也反映出技术效率和技术进步的变化趋势。本书即通过 Malmquist 指数(TFP)、技术效率指数(EC)和技术进步指数(TE)来衡量专利密集型产业和非专利密集型产业的 R&D 绩效。

二、专利密集型产业的全要素生产率测算

为整理出符合研究需要的年度专利授权数据,由于专利的创新效应有一定的滞后期,笔者借鉴相关研究,采用滞后期为 3 年,分别统计了截至 2010 年、2011 年、2012 年、2013 年的产业专利授权数据,从而与《中国工业统计年鉴》2014 年、2015 年、2016 年、2017 年分别实际统计的 2013 年、2014 年、2015 年、2016 年工业产业部门的经济数据相对应。

从 194 个产业里选取专利密度排名前 100 位的产业进行全要素生产率的测算,没有全部进行选取是因为并不是所有产业都紧密依赖专利制度,在部分专利密度不太高的产业中,专利不应当被视为产业全要素生产率必不可少的投入要素。

在计算出全要素生产率之后,最终选取专利密集型产业的标准

是：全要素生产率、产业授权专利总量、产业发明专利密度排名均在前 65 名（总数的前 1/3）。

2013—2016 年按上述标准选取的产业数据分别见表 4-1~表 4-4。

表 4-1 2013 年中类产业的全要素生产率、
发明专利授权数、专利密度值及排序一览

序号	中类产业名称	综合效率	发明专利授权数（件）	专利密度值（件/万人）	综合效率排名	专利总量排序	专利密度排序
1	通信设备制造	1	8265	59.576	1	2	20
2	视听设备制造	1	1512	21.272	2	21	49
3	计算机制造	0.788	6313	35.622	8	4	31
4	文化、办公用机械制造	0.707	2530	94.473	9	12	10
5	有色金属合金制造	0.606	627	36.201	11	43	30
6	其他仪器仪表制造业	0.551	892	371.667	17	34	2
7	日用化学产品制造	0.524	2199	66.096	19	14	15
8	通用设备修理	0.521	309	225.547	20	64	4
9	通用仪器仪表制造	0.521	6674	132.710	21	3	6
10	涂料、油墨、颜料及类似产品制造	0.517	723	16.295	22	38	63
11	物料搬运设备制造	0.514	1360	25.733	23	23	43
12	专用化学产品制造	0.501	3401	34.804	27	7	32
13	文教办公用品制造	0.499	375	24.288	28	55	45
14	合成材料制造	0.493	1965	34.014	30	17	35
15	金属表面处理及热处理加工	0.488	1319	52.845	32	24	24
16	广播电视设备制造	0.486	1298	59.296	34	26	21
17	电机制造	0.485	1305	16.639	35	25	61
18	中药饮片加工	0.482	2556	234.495	37	11	3
19	合成纤维制造	0.47	1059	33.705	41	31	36
20	烘炉、风机、衡器、包装等设备制造	0.466	3167	52.373	44	8	25
21	其他电气机械及器材制造	0.464	460	73.836	46	51	13

续表

序号	中类产业名称	综合效率	发明专利授权数（件）	专利密度值（件/万人）	综合效率排名	专利总量排序	专利密度排序
22	照明器具制造	0.449	3691	56.837	48	6	22
23	纺织、服装和皮革加工专用设备制造	0.445	579	28.189	50	45	39
24	医疗仪器设备及器械制造	0.435	2013	70.930	52	16	14
25	输配电及控制设备制造	0.433	2875	16.570	53	9	62
26	集装箱及金属包装容器制造	0.43	905	31.315	54	33	37
27	环保、社会公共服务及其他专用设备制造	0.427	1048	26.063	56	32	42
28	泵、阀门、压缩机及类似机械制造	0.426	1505	16.242	57	22	64
29	电池制造	0.419	2385	45.611	59	13	27
30	专用仪器仪表制造	0.41	2608	132.184	65	10	7

表4-2 2014年中类产业的全要素生产率、发明专利授权数、专利密度值及排序一览

序号	中类产业名称	综合效率	发明专利授权数（件）	专利密度值（件/万人）	综合效率排名	专利总量排序	专利密度排序
1	通信设备制造	1	9447	59.580	1	1	26
2	视听设备制造	1	1404	20.175	3	31	61
3	计算机制造	0.921	6927	40.105	8	4	39
4	文化、办公用机械制造	0.687	2649	104.952	12	14	11
5	通用设备修理	0.633	447	385.345	14	58	3
6	有色金属合金制造	0.626	835	45.529	15	44	37

续表

序号	中类产业名称	综合效率	发明专利授权数（件）	专利密度值（件/万人）	综合效率排名	专利总量排序	专利密度排序
7	日用化学产品制造	0.602	3084	89.677	17	12	13
8	通用仪器仪表制造	0.575	9205	173.975	20	2	8
9	专用化学产品制造	0.556	4778	47.391	22	5	34
10	电机制造	0.550	1600	20.174	23	26	62
11	金属表面处理及热处理加工	0.544	1505	60.981	25	30	24
12	物料搬运设备制造	0.543	1813	32.300	27	23	44
13	农药制造	0.528	520	26.196	29	56	51
14	中药饮片加工	0.514	4597	373.436	34	7	4
15	合成纤维制造	0.512	2002	63.860	35	21	23
16	烘炉、风机、衡器、包装等设备制造	0.509	4381	68.743	37	8	20
17	广播电视设备制造	0.504	1511	69.503	38	29	19
18	合成材料制造	0.501	2637	45.710	39	15	36
19	文教办公用品制造	0.492	417	27.060	40	60	49
20	农、林、牧、渔专用机械制造	0.482	691	24.538	42	51	55
21	泵、阀门、压缩机及类似机械制造	0.479	2041	21.323	43	19	60
22	专用仪器仪表制造	0.469	3818	200.420	47	10	7
23	其他电气机械及器材制造	0.467	421	59.212	50	59	27
24	环保、社会公共服务及其他专用设备制造	0.463	1525	35.689	53	28	42
25	照明器具制造	0.447	3983	60.266	58	9	25
26	电池制造	0.447	2824	53.143	59	13	30
27	纺织、服装和皮革加工专用设备制造	0.446	1127	57.500	60	36	28
28	化学药品制剂制造	0.444	1086	19.702	61	38	64

续表

序号	中类产业名称	综合效率	发明专利授权数（件）	专利密度值（件/万人）	综合效率排名	专利总量排序	专利密度排序
29	印刷、制药、日化及日用品生产专用设备制造	0.44	846	51.118	63	43	32
30	中成药生产	0.437	1534	24.169	64	27	56
31	锅炉及原动设备制造	0.435	2297	46.887	65	17	35

表4-3 2015年中类产业的全要素生产率、发明专利授权数、专利密度值及排序一览

序号	中类产业名称	综合效率	发明专利授权数（件）	专利密度值（件/万人）	综合效率排名	专利总量排序	专利密度排序
1	通信设备制造	1	11904	59.106	1	1	37
2	计算机制造	0.937	9370	69.562	6	4	30
3	有色金属合金制造	0.715	1001	52.823	14	51	41
4	日用化学产品制造	0.66	4110	118.341	16	11	12
5	电机制造	0.647	2353	29.857	17	23	56
6	专用化学产品制造	0.632	7383	73.800	18	5	25
7	涂料、油墨、颜料及类似产品制造	0.625	1527	32.462	19	36	52
8	通用设备修理	0.623	676	682.828	20	58	2
9	输配电及控制设备制造	0.594	5096	28.068	24	8	59
10	物料搬运设备制造	0.591	2684	47.555	25	19	44
11	农药制造	0.591	789	39.293	26	55	48
12	通用仪器仪表制造	0.587	11210	219.202	28	2	8
13	合成纤维制造	0.573	2635	83.044	30	21	21
14	文化、办公用机械制造	0.568	3135	147.114	32	17	10
15	烘炉、风机、衡器、包装等设备制造	0.565	5727	92.640	33	7	19

续表

序号	中类产业名称	综合效率	发明专利授权数（件）	专利密度值（件/万人）	综合效率排名	专利总量排序	专利密度排序
16	中药饮片加工	0.555	3893	292.707	35	13	5
17	环保、社会公共服务及其他专用设备制造	0.549	2071	44.769	37	28	45
18	金属表面处理及热处理加工	0.545	1788	71.122	38	31	28
19	农、林、牧、渔专用机械制造	0.543	840	29.979	39	54	55
20	合成材料制造	0.536	3932	70.227	40	12	29
21	集装箱及金属包装容器制造	0.522	1309	48.125	44	41	43
22	泵、阀门、压缩机及类似机械制造	0.519	2676	29.520	45	20	57
23	专用仪器仪表制造	0.516	5052	277.430	47	9	7
24	化学药品制剂制造	0.511	1423	25.723	50	37	64
25	锅炉及原动设备制造	0.495	3135	65.096	57	18	33
26	广播电视设备制造	0.493	1736	73.591	58	32	27
27	中成药生产	0.493	2044	31.393	59	29	53
28	印刷、制药、日化及日用品生产专用设备制造	0.487	1158	73.711	60	46	26
29	卫生材料及医药用品制造	0.482	510	26.034	62	63	63
30	电池制造	0.475	3574	65.386	64	15	32

表 4-4　2016 年中类产业的全要素生产率、
发明专利授权数、专利密度值及排序一览

序号	中类产业名称	综合效率	发明专利授权数（件）	专利密度值（件/万人）	综合效率排名	专利总量排序	专利密度排序
1	通信设备制造	1	11904	59.106	1	1	37
2	计算机制造	0.937	9370	69.562	6	4	30
3	有色金属合金制造	0.715	1001	52.823	14	51	41
4	日用化学产品制造	0.660	4110	118.341	16	11	12
5	电机制造	0.647	2353	29.857	17	23	56
6	专用化学产品制造	0.632	7383	73.800	18	5	25
7	涂料、油墨、颜料及类似产品制造	0.625	1527	32.462	19	36	52
8	通用设备修理	0.623	676	682.828	20	58	2
9	输配电及控制设备制造	0.594	5096	28.068	24	8	59
10	物料搬运设备制造	0.591	2684	47.555	25	19	44
11	农药制造	0.591	789	39.293	26	55	48
12	通用仪器仪表制造	0.587	11210	219.202	28	2	8
13	合成纤维制造	0.573	2635	83.044	30	21	21
14	文化、办公用机械制造	0.568	3135	147.114	32	17	10
15	烘炉、风机、衡器、包装等设备制造	0.565	5727	92.640	33	7	19
16	中药饮片加工	0.555	3893	292.707	35	13	5
17	环保、社会公共服务及其他专用设备制造	0.549	2071	44.769	37	28	45
18	金属表面处理及热处理加工	0.545	1788	71.122	38	31	28
19	农、林、牧、渔专用机械制造	0.543	840	29.979	39	54	55
20	合成材料制造	0.536	3932	70.227	40	12	29

续表

序号	中类产业名称	综合效率	发明专利授权数（件）	专利密度值（件/万人）	综合效率排名	专利总量排序	专利密度排序
21	集装箱及金属包装容器制造	0.522	1309	48.125	44	41	43
22	泵、阀门、压缩机及类似机械制造	0.519	2676	29.520	45	20	57
23	专用仪器仪表制造	0.516	5052	277.430	47	9	7
24	化学药品制剂制造	0.511	1423	25.723	50	37	64
25	锅炉及原动设备制造	0.495	3135	65.096	57	18	33
26	广播电视设备制造	0.493	1736	73.591	58	32	27
27	中成药生产	0.493	2044	31.393	59	29	53
28	印刷、制药、日化及日用品生产专用设备制造	0.487	1158	73.711	60	46	26
29	卫生材料及医药用品制造	0.482	510	26.034	62	63	63
30	电池制造	0.475	3574	65.386	64	15	32

统计2013—2016年各产业的出现频次，见表4-5。并选定出现频次在平均值［平均值 = (1 + 2 + 3 + 4)/4 = 2.5，即3次］以上的为专利密集型产业。

表4-5 各产业名称及出现频次

序号	中类产业名称	出现频次
1	通信设备制造	4
2	计算机制造	4
3	有色金属合金制造	4
4	日用化学产品制造	4
5	电机制造	4
6	专用化学产品制造	4
7	通用设备修理	4
8	物料搬运设备制造	4

续表

序号	中类产业名称	出现频次
9	通用仪器仪表制造	4
10	合成纤维制造	4
11	文化、办公用机械制造	4
12	烘炉、风机、衡器、包装等设备制造	4
13	中药饮片加工	4
14	环保、社会公共服务及其他专用设备制造	4
15	金属表面处理及热处理加工	4
16	合成材料制造	4
17	泵、阀门、压缩机及类似机械制造	4
18	专用仪器仪表制造	4
19	广播电视设备制造	4
20	电池制造	4
21	涂料、油墨、颜料及类似产品制造	3
22	输配电及控制设备制造	3
23	农药制造	3
24	农、林、牧、渔专用机械制造	3
25	集装箱及金属包装容器制造	3
26	化学药品制剂制造	3
27	锅炉及原动设备制造	3
28	中成药生产	3
29	印刷、制药、日化及日用品生产专用设备制造	3
30	卫生材料及医药用品制造	2
31	视听设备制造	2
32	文教办公用品制造	2
33	其他电气机械及器材制造	2
34	照明器具制造	2
35	纺织、服装和皮革加工专用设备制造	2
36	其他仪器仪表制造业	1
37	医疗仪器设备及器械制造	1

此外，是否属于战略型新兴产业也是专利密集型产业的重要考虑条件，本书依据2018年《战略性新兴产业分类》统计了战略性新兴

产业与国民经济行业的关系，依据在战略性新兴产业中出现的频次高于平均数、专利密度值较高等指标选取了战略性新兴产业的共性制造业和共性服务业，产业统计见表4-6。

表4-6 战略性新兴产业的共性制造业和共性服务业

序号	行业名称
制造业	
1	专用仪器仪表制造
2	通用仪器仪表制造
3	医疗仪器设备及器械制造
4	金属加工机械制造
5	烘炉、风机、包装等设备制造
6	电池制造
7	计算机制造
8	合成纤维制造
9	锅炉及原动设备制造
10	合成材料制造
11	专用化学产品制造
12	电子和电工机械专用设备制造
13	化工、木材、非金属加工专用设备制造
14	通信设备制造
15	电子器件制造
16	食品、饮料、烟草及饲料生产专用设备制造
17	有色金属合金制造
18	环保、邮政、社会公共服务及其他专用设备制造
19	涂料、油墨、颜料及类似产品制造
20	农、林、牧、渔专用机械制造
21	泵、阀门、压缩机及类似机械制造
22	输配电及控制设备制造
23	其他通用设备制造业
24	电机制造
25	铁路运输设备制造
26	采矿、冶金、建筑专用设备制造
27	航空、航天器及设备制造
28	家用电力器具制造
29	基础化学原料制造

续表

序号	行业名称
	服务业
1	生物基材料制造
2	软件开发
3	信息系统集成和物联网技术服务
4	数字内容服务
5	智能消费设备制造
6	互联网平台

本节还统计了全产业中服务业2009—2012年发明专利申请并最终得到授权的数量，根据专利授权量（平均数3354次以上）统计（见表4-7），这些产业也应当计入专利密集型服务业。

表4-7 服务业中发明专利授权量一览

序号	服务业名称	授权量
1	数据处理和存储服务	12778
2	环保、社会公共服务及其他专用设备制造	9159
3	其他信息技术服务业	7709
4	互联网信息服务	6720
5	互联网接入及相关服务	4445
6	卫星传输服务	1647
7	农业服务业	352
8	装订及印刷相关服务	261
9	提供施工设备服务	162
10	渔业服务业	152
11	信息系统集成服务	119
12	林业服务业	72
13	信息技术咨询服务	35

整合前面各项分析，得到专利密集型产业的相关目录，见表4-8。

表4-8 专利密集型产业目录

专利密集型产业分类名称	国民经济行业代码	国民经济行业名称
一、信息基础产业	391	计算机制造
	392	通信设备制造
	393	广播电视设备制造
	397	电子器件制造
二、互联网和信息技术服务业	641	互联网接入及相关服务
	642	互联网信息服务
	643	互联网平台
	645	互联网数据服务
	651	软件开发
	653	信息系统集成和物联网技术服务
	657	数字内容服务
	659	其他信息技术服务业
三、生物医药产业	272	化学药品制剂制造
	273	中药饮片加工
	274	中成药生产
	358	医疗仪器设备及器械制造
四、智能制造装备产业	342	金属加工机械制造
	343	物料搬运设备制造
	347	文化、办公用机械制造
	349	其他通用设备制造业
	351	采矿、冶金、建筑专用设备制造
	353	食品、饮料、烟草及饲料生产专用设备制造
	354	印刷、制药、日化及日用品生产专用设备制造
	356	电子和电工机械专用设备制造
	357	农、林、牧、渔专用机械制造
	396	智能消费设备制造

续表

专利密集型产业分类名称	国民经济行业代码	国民经济行业名称
五、新型材料制造业	261	基础化学原料制造
	263	农药制造
	264	涂料、油墨、颜料及类似产品制造
	265	合成材料制造
	266	专用化学产品制造
	268	日用化学产品制造
	282	合成纤维制造
	283	生物基材料制造
	324	有色金属合金制造
	333	集装箱及金属包装容器制造
	336	金属表面处理及热处理加工
六、高效节能环保产业	341	锅炉及原动设备制造
	344	泵、阀门、压缩机及类似机械制造
	346	烘炉、风机、包装等设备制造
	352	化工、木材、非金属加工专用设备制造
	359	环保、邮政、社会公共服务及其他专用设备制造
	381	电机制造
	382	输配电及控制设备制造
	384	电池制造
	385	家用电力器具制造
	401	通用仪器仪表制造
	402	专用仪器仪表制造
七、交通装备产业	371	铁路运输设备制造
	374	航空、航天器及设备制造

小结：与国家知识产权局 2016 年发布的《专利密集型产业目录 (2016)》（试行）相比，表 4-8 得出的专利密集型产业目录中，在信息基础产业减少了"雷达及配套设备制造"；在互联网和信息技术服务业增加了"互联网接入及相关服务""互联网信息服务""数字

内容服务"，减少了"集成电路设计"，变更"信息集成服务"为"信息系统集成和物联网技术服务"，变更"数据处理和存储服务"为"互联网平台"和"互联网数据服务"；在交通装备产业减少了"汽车整车制造""汽车零部件及配件制造"；在生物医药产业减少了"化学药品原料药制造""生物药品制造""光学仪器及眼镜制造"；在新型材料制造业增加了"合成纤维制造""生物基材料制造""有色金属合金制造""集装箱及金属包装容器制造"；在高效节能环保产业增加了"电机制造""家用电力器具制造"，减少了"照明器具制造"；在智能制造装备产业增加了"文化、办公用机械制造""食品、饮料、烟草及饲料生产专用设备制造""智能消费设备制造""其他通用设备制造业"。其中"污水处理及其再生利用"未入选的主要原因是全要素生产率较低，"其他水的处理、利用与分配"未入选的主要原因是专利授权总量较低，由于计入"资源循环利用产业"的产业数较少，将该产业名称进行了删除，并将"金属表面处理及热处理加工"划分入"新型材料制造业"。

总的来说，通过本书介绍的方法测算出的专利密集型产业（3位代码）基本上与国家知识产权局于2016年9月发布的《专利密集型产业目录（2016）》（试行）保持一致，说明本书的方法可作为专利密集型产业测算方法的有效补充。较之国家知识产权局于2016年9月发布的《专利密集型产业目录（2016）》（试行）中披露的计算方法，本书方法较为侧重专利密集型产业与全要素生产率的相关关系。

第二节 专利密集型产业与国际化发展

改革开放以来，特别是中国加入世贸组织以来，中国的出口贸易实现跨越式发展，企业国际化的趋势不断加强，有力推动了中国经济发展，为世界经济做出了重要贡献。但应当注意的是，尽管当前我国企业出口竞争优势依然存在，但比较成本优势正在发生变化，包括劳动力、融资等经营成本持续上升，加之资源环境的约束进一步紧缩，使得我国传统的产业国际化竞争优势在削弱。在新形势下，如何进一步通过制度层面的改革和创新来促进中国出口增长,已经成为紧迫而重要的研究课题。

出口是衡量企业国际化的重要指标,从制度经济学的视角来看,专利制度对企业创新有着重要作用,通过激励创新,专利可以推动企业技术发展和经济发展。通过法律保护,专利制度赋予创新一段时间的垄断权,这会提升企业的创新积极性,继而推动企业的出口,从而使企业在国际竞争中处于优势地位❶。学者们关注专利制度对企业出口的影响,但现有关于专利制度与出口之间关系的研究主要集中于考察发达国家专利制度对企业出口的影响,对发展中国家的专利制度、出口的研究相对较少。体制的差异导致新兴经济体比如中国、韩国的专利多由政府推动而不是完全来源于企业自身的需求。因此,在政府推动下,专利量不断上升,却未必对企业出口带来正向影响,这有两个方面的原因:一方面,政府推动的专利会导致创新无效率❷,从而影响了企业出口;另一方面,政府推动的专利活动带来了"挤出效应",导致企业的专利和研发的投资不足,资源投入出现了错误配置❸。基于中国省域的研究表明,专利保护对出口的促进作用呈倒U形❹;基于产业的视角,知识产权保护与行业特征的相互匹配效应显著促进了中国总体制造业行业出口的增长❺。本节从专利层面,探讨专利密度影响下专利对中国企业出口起到了何种影响。

一、相关研究

较早探讨专利保护强度与出口流动之间关系的当属 Maskus 和 Pe-

---

❶ Cin B C, Kim Y J, Vonortas N S. The impact of public R&D subsidy on small firm productivity: evidence from Korean SMEs [J]. Small Business Economics, 2017, 48 (2): 345–360.

❷ An H J, Ahn S J. Emerging technologies—beyond the chasm: Assessing technological forecasting and its implication for innovation management in Korea [J]. Technological Forecasting and Social Change, 2016, 102: 132–142.

❸ Hsu C W, Lien Y C, Chen H. R&D internationalization and innovation performance [J]. International Business Review, 2015, 24 (2): 187–195.

❹ 邵其辉, 钟昌标. 创新投入对出口贸易的影响——基于知识产权保护的视角 [J]. 科技与管理, 2016, 18 (2): 51–58.

❺ 余长林. 知识产权保护与中国出口比较优势 [J]. 管理世界, 2016 (6): 51–66.

nubarti（1995）的开创性研究❶，他们提出了比较有影响力的理论，即用专利保护的市场扩张效应和市场势力效应，来解释专利保护对贸易的影响。专利保护的增强可能会带来两种互相抵消的效果：市场扩张效果和市场力量效果，这两种效果使得专利保护程度的强弱对出口的影响结果不确定。所谓的市场扩张效应，是由于当地专利保护的加强，可能降低厂商在进口国技术外漏或被仿冒的成本，使得厂商有可能扩大出口的贸易规模；市场势力效应是指，当出口市场的专利被加强保护时，出口企业在当地市场会获得一种"垄断势力"，出口企业通过提高价格、减少出口也可以保证自身的利益，其结果是对出口市场的贸易活动减少。Smith（1999）对美国19个产业的出口进行了研究，采用Rapp-Rozek指标构建了各国的专利保护强度，指出在增强的专利保护下，美国出口与进口国的收入密切相关，对中低收入国家的出口显著增强❷。Fink和Braga（1999）采用Ginarte-Park指标构建了各国的专利保护强度，对美国非能源和高科技贸易的出口进行了研究，指出进口国的专利保护强度对美国高科技产业的出口影响并不显著❸。Falvey R、Foster N和Greenaway D（2006）采用Ginarte-Park指标构建了各国的专利保护强度，对80个国家的出口进行了研究，认为专利保护对中等国家的出口影响并不明显❹。Ivus（2015）、Briggs和Park（2014）认为，专利是发达国家出口和企业许可活动的重要因素❺。基于以上研究，专利保护强度对一国的出口确实存在影响，这

---

❶ Maskus K E, Penubarti M. How trade-related are intellectual property rights? [J]. Journal of International Economics, 1995, 39 (3): 227-248.

❷ Smith P J. Are weak patent rights a barrier to US exports? [J]. Journal of International Economics, 1999, 48 (1): 151-177.

❸ Fink C, Braga C A P. How Stronger Protection of Intellectual Property Rights Affect International Trade Flows [M]. World Bank, Science and Technology Thematic Group and Energy, Mining and Telecommunications Department, 1999: 1-20.

❹ Falvey R, Foster N, Greenaway D. Intellectual property rights and economic growth [J]. Review of Development Economics, 2006, 10 (4): 700-719.

❺ Ivus O. Does stronger patent protection increase export variety? Evidence from US product-level data [J]. Journal of International Business Studies, 2015, 46 (6): 724-731.
Briggs K, Park W G. There will be exports and licensing: the effects of patent rights and innovation on firm sales [J]. The Journal of International Trade & Economic Development, 2014, 23 (8): 1112-1144.

种影响受到进口国的收入水平、市场大小、模仿能力以及出口国出口商品类别等诸多因素的影响。以往的国际学者研究比较关注发达国家的出口情况，通常考虑的情况是进口国的专利保护强度对发达国家的出口影响，这是基于传统的知识扩散模型，假设通常知识是从科技发展水平较高的发达国家扩散至科技发展水平较低的发展中国家，而较少关注发展中国家特别是中国的出口情况。近年来，有越来越多的学者关注发展中国家以及其他新兴经济体的出口情况，有学者采用中国制造业行业的出口数据，分析了中国的知识产权保护强度对本国出口的影响，着重分析了专利制度与行业特征的相互匹配效应。Hyun – Jung Nam、Yohan An 分析了专利制度对韩国医疗行业出口的影响和作用方式❶。专利制度可以促进企业出口和国际化，反之亦然，企业在国际化进程中通过知识的相互学习和吸收，又可以促进企业的专利活动。出口贸易技术溢出对以专利为代表的创新产出有正向而显著的影响❷。基于已有文献，专利的积极溢出是企业国际化的关键因素。但是，这种影响有可能具有两面性，为实现本书在前言部分提出的目标，本节将从中国公司的微观层面探讨专利制度对企业国际化的影响。

进一步地，专利制度对国际化的作用不能一概而论，这体现在专利制度作用的产业差异和企业差异上。有关专利制度的产业作用差异，较早的研究有 Mansfield（1986）❸，继而有 Levin 等（1987）、Cohen 等（2000）❹，这里不再赘述。本节的目的在于区分不同专利密

---

❶ Hyun – Jung Nam, Yohan An. The effect of interlocking directors network on firm value and performance: evidence fromKorean – listed firms [J]. Global Economic Review, 2017, 47 (1): 1 – 23.

❷ 王奇珍，朱英明，王玉东. 出口贸易能提高创新产出吗？——基于中国微观企业的实证分析 [J]. 北京工商大学学报（社会科学版），2016 (1): 41 – 52.

❸ Mansfield E. Patents and innovation: an empirical study [J]. Management Science, 1986, 32 (2): 173 – 181.

❹ Levin R C, Klevorick A K, Nelson R R, et al. Appropriating the returns from industrial research and development [J]. Brookings Papers on Economic Activity, 1987 (3): 783 – 831.
Cohen W M, Nelson R R, Walsh J P. Protecting their intellectual assets: appropriability conditions and why US manufacturing firms patent (or not) [J]. National Bureau of Economic Research Working Paper Series No. 7552, 2000 (1): 1 – 54.

度导致的产业差异条件下专利制度对企业国际化的影响,从而在产业框架下界定专利制度对中国企业出口的影响。

二、数据来源

本节的数据来源于中国沪深两市上市公司,这是因为上市公司的信息披露及时而且充分,并往往居于行业的领先地位,对上市公司开展研究,对于揭示专利制度对企业国际化的影响以及政策安排与制定有积极的引导作用。

先前对企业专利的研究往往结合企业的研发,企业的专利越多,产品的潜在收益也就越大,从而对研发投资的力度也就越大。因此,专利和研发促进了企业价值,共同提升了企业的剩余价值和股票价值❶。继而,专利和研发投入对于增进企业价值或国际化非常重要。根据 Sougiannis(1994),研发可以促进企业的收入和股价,尽管这种影响是间接的并且需要较长一段时间才能显现❷。Bottazzi 和 Peri(2003)调研了专利和研发投入的溢出效应,认为技术溢出效应主要来自于专利和研发的新知识和创新❸。Oguamanam(2010)认为,专利作为研发投入的产出,积极促进了出口,因为专利溢出去掉了研发花费的不确定性。因此,本书认为有必要结合研发数据分析专利制度对企业国际化的影响❹。

数据来源及匹配获取的步骤详述如下:

◇ 企业的基本信息数据:包括上市公司企业成立的时间、所在行

---

❶ Chaney P K, Devinney T M. New product innovations and stock price performance [J]. Journal of Business Finance & Accounting, 1992, 19 (5): 677-695.

Bublitz B, Ettredge M. The information in discretionary outlays: advertising, research, and development [J]. Accounting Review, 1989 (1): 108-124.

❷ Sougiannis T. The accounting - based valuation of corporate R&D [J]. Accounting Review, 1994, 69 (1): 44-68.

❸ Bottazzi L, Peri G. Innovation and spillovers in regions: evidence from European patent data [J]. European Economic Review, 2003, 47 (4): 687-710.

❹ Oguamanam C. Patents and pharmaceutical R&D: consolidating private - public partnership approach to global public health crises [J]. The Journal of World Intellectual Property, 2012, 13 (4): 556-580.

业代码及行业名称等基本信息。

◇ 企业的财务数据：包括期末现金及现金等价物、主营业务收入、营业收入增长率等信息。

◇ 企业的研发数据：包括企业的年度期初数额、期末数额等信息。

◇ 企业的专利数据：企业的年度有效发明专利数。

◇ 企业的出口数据：企业的主营业务收入（按区域划分）。

以上数据来自国泰安数据库、Wind 金融数据库、CCER 数据库、国家知识产权局专利数据库及各上市公司年报，按照统计区间年度以及上市公司代码进行了一一匹配，由于企业研发数据缺失较多，采取的统计时间段为 2013—2015 年。

1. 变量定义

在这里，参考 Qian（2002）的研究，企业国际化通过企业出口收入（Export）来进行反映，专利制度的作用主要通过企业专利数据（Patent）和研发投入金额（R&D）进行衡量[1]。其他变量包括有可能会影响到企业国际化的诸多变量，例如现金持有情况（Cash）、企业成立时间（Age）、企业增长情况（Growth）和企业规模（Size）。这些变量汇总，现金持有情况（Cash）是影响企业国际化的最为重要的财务指标，计算的方法是：期末现金及现金等价物/总营业收入，企业成立时间的计算方法：统计年度 – 企业成立年份 + 1，企业增长情况通过主营业务收入增长率来体现，企业规模通过企业年度期末总资产来反映。

2. 变量统计

这里对各变量进行了统计，见表 4 – 9。

---

[1] Qian G. Multinationality, product diversification, and profitability of emerging US small and medium – sized enterprises [J]. Journal of Business Venturing, 2002, 17 (6): 611 – 633.

表 4-9 变量统计

变量名称	含义	观测值	平均值	标准差	最小值	最大值
$Export$	出口收入	636	101158.60	365908.71	0	4715773.12
Age	成立时间	636	14	5	4	31
$Patent$	有效发明专利数	636	116	1047	0	17146
$Patent^2$	有效发明专利数的平方	636	1.34×10^4	1613	0	2.93×10^8
$R\&D$	研发投入	636	90.10	331.40	0	3489.01
$R\&D^2$	研发投入的平方	636	8.12×10^3	1.01×10^5	0	1.22×10^6
$Cash$	现金持有情况	636	47.18	135.92	0.96	3216.82
$Size$	总资产	636	98.62	452.82	0.45	6618.73
$Growth$	营业收入年度增长率	636	0.21	0.70	-0.52	12.86

3. 采用方法

基于专利以及研发对于企业国际化的影响，考虑到专利与研发的高度相关性，这里通过以下方法分别测度专利、研发对于企业国际化的影响：

$$Export = \alpha_1 + \alpha_2 Patent + \alpha_3 Patent^2 + \alpha_4 Cash + \alpha_5 Age + \alpha_6 Size + \alpha_7 Growth + \varepsilon$$

$$Export = \beta_1 + \beta_2 R\&D + \beta_3 R\&D^2 + \beta_4 Cash + \beta_5 Age + \beta_6 Size + \beta_7 Growth + \varepsilon$$

4. 数据分析

（1）面板数据回归

采用上述方法进行分析，得到专利对企业国际化的影响分析，见表 4-10。

表 4-10 专利对企业国际化的影响分析

项目	模型（1）		模型（2）		模型（3）		模型（4）	
	固定效应	随机效应	固定效应	随机效应	固定效应	随机效应	固定效应	随机效应
常数项	9.09*** (0.10)	9.01*** (0.16)	8.36*** (0.35)	8.37*** (0.34)	8.11*** (0.51)	7.88*** (0.50)	7.43*** (0.43)	7.21*** (0.42)

续表

项目	模型（1）		模型（2）		模型（3）		模型（4）	
	固定效应	随机效应	固定效应	随机效应	固定效应	随机效应	固定效应	随机效应
$Patent$	0.08*** (6.56)	0.08*** (6.58)	0.02*** (3.47)	0.02*** (3.47)	0.07*** (5.85)	0.07*** (5.86)	0.02*** (2.72)	0.02*** (2.72)
$Patent^2$			-0.11** (-2.32)	-0.11** (-2.32)			-0.08** (-1.69)	-0.08** (-1.70)
$Cash$					-11.58 (-1.14)	-11.51 (0.26)	-11.17 (-1.10)	-11.10 (-1.09)
Age					20.39 (0.07)	35.29 (0.13)	32.02 (0.12)	47.76 (0.18)
$Size$					0.02** (5.28)	0.02** (5.29)	0.15 (5.05)	0.15 (5.06)
$Growth$					-12.61 (-0.64)	-12.42 (-0.64)	-11.90 (-0.61)	-11.71 (-0.60)
观测值	636	636	636	636	636	636	636	636
$AdjR^2$	0.69	0.69	0.71	0.71	0.61	0.61	0.71	0.71
F统计量	53.06	53.01	81.39	80.23	75.24	75.36	77.01	77.09

注：***、**、*分别表示在1%、5%、10%水平上显著；括号内数值为标准差。

研发对企业国际化的影响分析见表4-11。

表4-11 研发对企业国际化的影响分析

项目	模型（5）		模型（6）		模型（7）		模型（8）	
	固定效应	随机效应	固定效应	随机效应	固定效应	随机效应	固定效应	随机效应
常数项	6.78*** (4.78)	6.78*** (4.78)	3.62*** (2.18)	3.61*** (2.01)	5.41*** (1.30)	5.83*** (1.28)	10.05*** (1.08)	10.18*** (1.11)
$R\&D$	0.36*** (8.91)	0.36*** (8.93)	0.12*** (10.42)	0.12*** (10.44)	0.33*** (8.07)	0.33*** (8.09)	0.11*** (9.99)	0.11*** (10.01)
$R\&D^2$			-0.33*** (-7.71)	-0.33*** (-7.73)			-0.32*** (-7.56)	-0.32*** (-7.57)
$Cash$					-9.41 (-0.94)	-9.51 (-0.94)	-7.95 (-0.79)	-7.64 (-0.80)

续表

项目	模型(5)		模型(6)		模型(7)		模型(8)	
	固定效应	随机效应	固定效应	随机效应	固定效应	随机效应	固定效应	随机效应
Age					4.41 (0.19)	5.47 (0.23)	1.92 (0.43)	1.38 (0.43)
$Size$					1.49 (4.92)	1.47 (4.93)	1.38*** (4.73)	1.37*** (4.74)
$Growth$					-9.35 (-0.48)	-9.00 (-0.48)	-6.32 (-0.36)	-6.90 (-0.35)
观测值	636	636	636	636	636	636	636	636
$AdjR^2$	0.76	0.71	0.72	0.75	0.65	0.64	0.51	0.51
F统计量	47.88	47.12	22.75	22.34	27.37	26.13	19.81	19.83

注：***、**、*分别表示在1%、5%、10%水平上显著；括号内数值为标准差。

经过分析，密度视角下专利和研发对企业国际化的影响分析见表4-12。

表4-12 密度视角下专利和研发对企业国际化的影响分析

项目	专利密集型企业				非专利密集型企业			
	模型(9)		模型(10)		模型(11)		模型(12)	
	固定效应	随机效应	固定效应	随机效应	固定效应	随机效应	固定效应	随机效应
常数项	-18.23** (-0.89)	-16.67* (-0.82)	-33.37* (-0.96)	-43.55* (-1.23)	65.35* (1.11)	66.87* (7.66)	79.45* (1.37)	80.18* (1.39)
$Patent$	75.72*** (4.72)	77.14*** (4.38)			61.09*** (7.65)	61.42*** (7.66)		
$Patent^2$	0.11 (0.99)	0.11*** (0.96)			-8.42*** (-3.87)	-8.41*** (-3.88)		
$R\&D$			-0.12 (-1.60)	-0.13 (-1.39)			0.15*** (9.94)	0.15*** (9.92)
$R\&D^2$			0.98*** (2.88)	0.94*** (2.72)			-4.70*** (-7.10)	-4.69*** (-7.08)

续表

项目	专利密集型企业				非专利密集型企业			
	模型（9）		模型（10）		模型（11）		模型（12）	
	固定效应	随机效应	固定效应	随机效应	固定效应	随机效应	固定效应	随机效应
$Cash$	-75.79 (-0.76)	-45.71 (-0.49)	-10.61 (-0.60)	12.94 (0.08)	-70.11 (-1.28)	-52.02 (-0.99)	-11.17 (0.04)	-92.88 (-1.75)
Age	33.40* (2.32)	31.23* (2.20)	49.77* (2.05)	43.21* (1.80)	-33.18 (-1.05)	-37.14 (-1.16)	-16.58 (0.62)	-19.26 (-0.60)
$Size$	-3.65 (-1.97)	-3.96 (-2.20)	1.81*** (8.36)	1.93*** (8.04)	1.38 (0.13)	7.43 (0.01)	3.26*** (3.33)	3.11*** (3.18)
$Growth$	-75.66 (-0.76)	-32.81 (-0.31)	-75.08 (-0.54)	-87.12 (-0.49)	-43.53 (-0.19)	-37.68 (-0.17)	-93.96 (-0.42)	-84.61 (-0.38)
观测值	226	226	226	226	410	410	410	410
$AdjR^2$	0.84	0.84	0.55	0.55	0.25	0.25	0.23	0.23
F统计量	52.33	52.11	34.17	33.16	22.18	22.15	33.13	34.12

注：***、**、*分别表示在1%、5%、10%水平上显著；括号内数值为标准差。

5. 专利密度视角下专利对企业国际化的影响

如前所示，表4-10报告了专利对企业国际化影响的面板数据回归结果，结果显示，应用固定效应和随机效应模型对结果的影响不大，因此这里不做区分。模型（1）为专利单独作为解释变量的回归结果，可以看出专利对企业国际化的影响为正向影响，模型（2）为专利和专利的二次方同时作为解释变量的回归结果，可以看出加入专利的二次方进行考量时，专利总体上对企业国际化为倒U形影响，即企业的专利在达到一定的数量前，对企业的国际化为正向影响，而企业的专利在达到一定的数量后，对企业的国际化为负向影响。模型（3）为加入专利、现金持有情况、企业成立时间、企业增长情况和企业规模变量的回归结果，可以发现在不考虑专利二次方的情况下，专利和企业规模变量对国际化有一定的影响，一般来说，企业规模越大，出口的情况就越好。模型（4）为加入专利二次方后完整的回归结果，此时，专利二次方系数为-0.08，在10%的水平上显著。所以，从总体上看，专利对企业国际化为倒 U 形影响。

表 4-11 报告了研发对企业国际化影响的面板数据回归结果，结果显示，研发对企业国际化总体上影响与专利的结果相似。模型（5）为研发单独作为解释变量的回归结果，可以看出研发对企业国际化的影响为正向影响。模型（6）为研发和研发的二次方同时作为解释变量的回归结果，可以看出研发总体上对企业国际化也呈倒 U 形影响。模型（7）为加入研发、现金持有情况、企业成立时间、企业增长情况和企业规模变量的回归结果，与专利稍有不同的是，企业规模在这种情况下对企业国际化影响显著。模型（8）为加入研发二次方后完整的回归结果，此时，研发二次方系数为 -0.32，在 1% 水平上显著，企业规模的系数接近 1.4，在 1% 的水平上显著。因此，从总体上来看，研发对企业国际化也为倒 U 形的影响，而且，企业规模对企业国际化起到正向刺激作用。

以往诸多文献研究了专利对国际化贸易的影响❶，但是却忽视了对企业特质的分析，本书认为，企业由于所处行业、政策激励、采用技术等原因，通过专利密度的区分可以体现出一定的异质性，进而有可能影响到专利和研发对企业国际化的影响。这里，采用企业有效专利数与企业现金持有量的比值进行区分，即

$$专利密度 = \frac{企业有效专利数}{企业现金持有量}$$

将该数值高于平均值的企业认定为专利密集型企业，将该数值低于平均值的企业认定为非专利密集型企业，进一步分别考量了两种企业情形下专利和研发对企业国际化的影响，参见表 4-12。表 4-12 分别报告了专利密集型企业和非专利密集型企业中专利和研发对企业国际化的影响，可以看出，两类企业中专利和研发对企业国际化的影响并不一致，尤其是专利密集型产业，这一点体现得非常明显，模型

---

❶ 邓兴华，林洲钰. 专利国际化推动了贸易增长吗——基于贸易二元边际的实证研究 [J]. 国际经贸探索，2016，32（12）：4-20.
李黎明，刘海波. 基于医药产业的专利、贸易政策与国际贸易关系研究 [J]. 中国软科学，2013（6）：39-52.

(9) 和模型（10）分别显示，专利密集型企业中专利二次方和研发二次方的系数分别为 0.1 和 0.9 左右，即专利对企业国际化的作用为正 U 形影响，即专利密集型企业中的专利数量越多，研发投入越多，该类企业的国际化程度越高。而非专利密集型企业中专利和研发对企业国际化的影响则与总体情况较为一致。

小结：企业国际化是中国走向世界、增强民族竞争力的重要桥梁，囿于研发数据获取的困难，本书以上市公司为例，研究了企业专利和研发对企业国际化的重要影响。总体来说，本节的研究表明，专利和研发对企业国际化确实有作用，但是这种作用需要具体分析，特别是企业的类型，影响着这种作用的发挥。

专利和研发对企业国际化存在着非线性关系，总的来看，专利和研发与企业国际化之间存在着倒 U 形关系，然而，这种关系并不普遍适用于所有企业，在本书定义的专利密集型企业中，专利和研发与企业国际化存在着正 U 形关系，即专利密集型企业的专利数越多，研发投入越多，企业国际化程度越高。而在非专利密集型企业中，专利和研发与企业国际化的倒 U 形关系体现得更为明显。本书的结论从几个方面充实了已有的理论研究。首先，与以往大部分研究不同，本书同时研究了专利和研发对企业国际化的影响，研究表明，专利和研发确实存在着某种程度的关联，对企业国际化起着较为一致的作用。其次，本书进一步证实了专利和研发与企业国际化存在着倒 U 形关系，这与已有的相关研究结论存在一致性，然而，这种倒 U 形关系仅仅在非专利密集型企业中较为明显，在专利密集型企业中并不突出。

在理论研究的基础上，本书提出几点对政府工作的建议。近年来，在政府政策驱动下，很多企业专利数和研发投入大幅度增加，但是，专利和研发对企业国际化的作用并不是越多越好，这种作用存在着一个拐点，即"专利和研发的饱和度"现象。另外，政府的政策应进一步细分企业和产业类型，对专利密集型和非专利密集型企业应制定不同的政策进行驱动，从而获得更好的收益和效果。

本节的讨论还存在一些局限性，首先，分析主要以企业出口代替了企业国际化，实际上，企业国际化还有很多方式，如品牌国际化、与国外企业的研发合作等；其次，在数据处理的逐步匹配后，样本的容量也比较小，这在一定程度上影响了分析的结果。这些问题还有待后续研究进一步解决。

第三节　专利密集型产业与专利运营

近年来，中国专利数量激增，引发国内外学者与业界人士对此进行各种形式的讨论。随着专利数量的大幅度上升，中国专利如何追求有质量的数量成为引人深思的问题。众所周知，中美贸易战因中国对美国贸易顺差而起，但实际上，2017年，中国对外支付的知识产权使用费逆差超过200亿美元，相比2011年，该费用上升1405%，而美国每年对外许可知识产权净收入金额近800亿美元❶。较之中国出口贸易额较高而实际增加值不高的事实，美国的知识产权收入为净收益。例如，美国高通公司在华芯片销售和专利许可费收入占其全球总营收的57%，使用美国芯片的中兴通讯公司虽然拥有的5G专利数比高通公司还多，但由于缺乏基础专利和标准主导权，仍需要向高通公司缴纳巨额费用。因此，包括专利许可、专利转让在内的专利运营作为专利创造经济价值的关键环节，被视为专利管理工作绩效的重要指标之一。《国家知识产权战略纲要》《国务院关于新形势下加快知识产权强国建设的若干意见》《深入实施国家知识产权战略行动计划（2014—2020年）》《"十三五"国家知识产权保护和运用规划》《2018年深入实施国家知识产权战略　加快建设知识产权强国推进计划》无一不强调强化知识产权运用、激励专利权人向社会提供高质量高价值专利的导向。

尽管从2012年开始，我国已经超过日本成为最大的专利申请国，但是我国专利的国际化认可度较低，例如，在中国提交申请的专利仅有4%向外国知识产权管理当局递交了专利申请，大部分向中国知识

---

❶ 中国对外知识产权费逆差超200亿美元　美国赚800亿美元［EB/OL］．［2018-09-12］．https://military.china.com/jsbg/11177786/20180531/32473001.html.

产权管理当局提交申请的专利还只停留在国内的层面,而这一比例在美国和日本高达43%❶。目前,我国专利技术运营的相关研究虽然较多,但多局限于定性研究,极少有研究基于大数据对专利运营以及专利技术运营的影响因素展开,本书即从微观视角基于专利大数据对此展开分析。

研究专利运营的文献有以下几类:一是专利技术运营的主体。从企业来看,包括专利转让和专利许可在内的运营业务受到越来越多全球顶级公司的重视,从而更多地防御竞争对手并减少被卷入专利诉讼的风险。专利技术贸易不仅可以实现市场能力或创新技术的价值最优化,还可以实现知识的优化配置。专利非实施主体的诞生和发展引发人们对专利制度保护创新的担忧,这种运作方式对社会经济发展和专利技术的创新都造成了巨大的影响❷。从高校(科研机构)来看,较之发达国家,中国高校专利数量不断上升,转化率一直在低水平徘徊,据教育部官方数据统计,2015年我国高校专利转化率(转化专利占授权专利比例)为4%以下❸,专利的平均转让价格不足35万元,这与教育主管部门、高校的认知偏差有一定关系。产业层面上,专利转让作为专利商业化应用的一种形式,体现了专利在产业发展中经济价值的实现和积累,推动了专利密集型产业的发展,并对中国经济有较大贡献。从国家层面上来说,专利转让率的提升不是孤立的,它应当结合企业、产业、环境、社会各方因素的提升而共同提高,尤其在当今经济全球化的浪潮下,一国的专利运营体系应当参与到国际竞争中,从而实现专利价值的最大化增值和应用❹。二是专利技术转

---

❶ 李展儒,莫婷婷. 专利质量的理论与实践发展:基于文献的评述 [J]. 上海管理科学,2019,41 (2):37-43.

❷ Bessen J E, Meurer M J. Patent litigation with endogenous disputes [J]. American Economic Review,2006,96 (2):77-81.

张平. 专利运营的国际趋势与应对 [J]. 电子知识产权,2014,37 (6):22-25.

❸ 黄珍,胡罡,刘乐. 我国高校专利工作的误区——从现代专利发展趋势谈起 [J]. 中国高校科技,2017,12 (S2):127-129.

❹ 刘仲,李韵清,郭晶. 大型国企专利运营模式分析 [J]. 中国发明与专利,2017,14 (3):73-77.

让的影响因素研究。从专利交易的具体过程来说,专利技术价值、专利权属状况以及专利交易合同是专利转让产生风险的核心要素❶。从实践来说,有商业化价值的专利才能够进行专利转让,因此影响它的两个因素是技术的应用水平和商业价值评估❷。从支撑体系来说,专利转让需要在专利质量、高端人才、政府引导、市场主导、产业政策、专利保护环境等方面进行提升❸。

一、数据来源和处理说明

1. 数据来源

对于专利运营的范围,本节认为专利转让和专利许可都是专利价值的一种体现形式,因此统计专利运营数据包括了专利授权和专利许可两种情形。本节统计了1991—2012年在中国大陆申请专利并最终授权的1944928件发明专利,基本数据从德温特数据库(Derwent Innovations Index)下载并整理而得。通过对数据的分析和处理,剔除从申请时间到授权时间记录为空值的数据,最后得到1867276件授权发明专利。通过德温特数据库可以查询到专利的基本信息,包括申请日期、PCT申请、发明人计数、专利权人地址、专利权人计数、IPC号、权利要求计数、施引专利计数、引用的参考文献计数、引用的专利文献计数,这些著录信息提供了专利的基本信息,部分信息通过整理可以得到专利的质量信息。

2. 处理说明

需要说明的是,为使记录数据符合使用需求,本书首先对德温特下载的专利的法律状态进行了分析,主要是对专利转让进行了分析,包括两步:第一步,专利转让信息中,包括专利授权前转让和专利授权后转让。其中专利授权前转让应当是专利申请权转让,指专利申请

---

❶ 张冬,李鸿霞. 我国专利运营风险认定的基本要素 [J]. 知识产权,2017(1): 99-104.

❷ 吴汉东. 知识产权商业运营的基本路径 [J]. 河南科技,2016(22): 8-10.

❸ 张亚峰,刘海波,吕旭宁. 专利运营的基本规律:多案例研究 [J]. 研究与发展管理,2016,28(6): 126-134.

人将国家知识产权局已接收但仍未授权的专利依法转让给他人的行为。由于转让时专利是否授权并不一定明确，所以这种转让在很大程度上不是基于专利价值的基础而转让的，因此本书在进行数据处理时将此种情况去掉，只保留了专利授权后转让的情况。第二步，在第一步的基础上，转让数据还出现若干本公司将专利转让或许可给同公司的情况。这种情况一是发生于公司的内部权利转让或变更；二是公司出于某些情况发生变更而记录下来的法律状态，如合并、地址更换等情况需进行专利权变更登记，本书通过字符匹配法将这种情况也剔除在外。经初步处理后，运营专利数为138454件，由于德温特数据库对中国专利记录的法律状态信息不全，部分专利仅提供了专利是否转让或许可的信息，但不提供转让人和受让人的信息，因此可能导致有些应删掉的信息没有删掉。为解决这一问题，本书进一步结合了国内的incoPat专利数据库中关于专利法律状态数据库的相关信息约30万条记录，对上述专利进行了匹配，最后得到符合本书定义的运营专利共计82474件。

二、产业专利数计算方法

如何将专利数据与产业一一相对应是要突破的难点，本节采用国家知识产权局发布的国民经济行业分类与国际专利分类（IPC）的对照表，现将专利的IPC号与国民经济行业相对应，将范围缩小至几个产业之后，采用TF-IDF文本相似度模型，根据专利的名称和摘要将专利对应至最符合的产业名称下，通过数据清洗、python编程工作，最终将上述检索所得1867276件授权发明专利与国民经济产业相对应。基于TF-IDF的专利与产业分类对应法如图4-1所示。

TF-IDF（Term Frequency - Inverse Document Frequency）是一种用于信息检索与数据挖掘的常用加权技术。TF指词频（Term Frequency），IDF指逆向文件频率（Inverse Document Frequency）。TF-IDF原理是，如果某个词或短语在一篇文章中出现的频率TF高，并且在其他文章中很少出现，则认为此词或者短语具有很好的类别区分

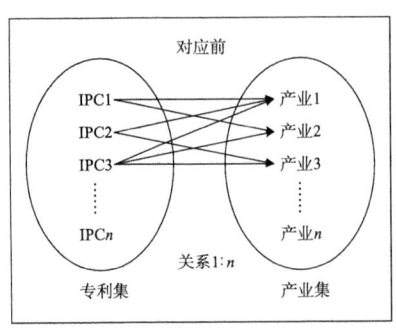 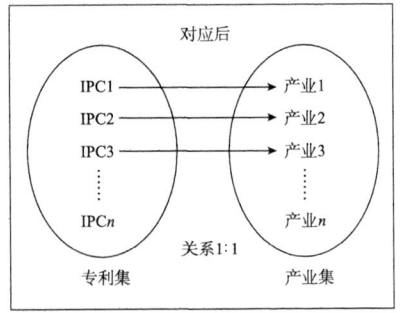

图 4-1 基于 TF-IDF 的专利与产业分类对应法

能力，适合用来分类。TF-IDF 实际上是：TF×IDF，TF 表示词条在文档 d 中出现的频率。IDF 的主要思想是：如果包含词条 t 的文档越少，也就是 n 越小，IDF 越大，则说明词条 t 具有很好的类别区分能力。如果某一类文档 C 中包含词条 t 的文档数为 m，而其他类包含 t 的文档总数为 k，显然所有包含 t 的文档数 $n=m+k$，当 m 大的时候，n 也大，按照 IDF 公式得到的 IDF 值会小，就说明该词条 t 类别区分能力不强。但是实际上，如果一个词条在一个类的文档中频繁出现，则说明该词条能够很好地代表这个类的文本特征，这样的词条应该给它们赋予较高的权重，并选来作为该类文本的特征词以区别于其他类文档。

在一份给定的文件里，词频指的是某一个给定的词语在该文件中出现的频率。这个数字是对词数（Term Count）的归一化，以防止它偏向长的文件（同一个词语在长文件里可能会比短文件有更高的词数，而不管该词语重要与否）。对于在某一特定文件里的词语来说，它的重要性可表示为：

$$tf_{i,j} = \frac{n_{ij}}{\sum_k h_{k,j}}$$

以上公式中分子是该词在文件中的出现次数，而分母则是在文件中所有字词的出现次数之和。

逆向文件频率是一个词语普遍重要性的度量。某一特定词语的 IDF，可以由总文件数目除以包含该词语之文件的数目，再将得到的

商取以 10 为底的对数得到

$$idf_i = \lg \frac{|D|}{|\{j:t_i \in d_j\}|}$$

其中，$|D|$ 为语料库中的文件总数，$|\{j:t_i \in d_j\}|$ 为包含词语的文件数目。如果该词语不在语料库中，就会导致分母为零，因此一般情况下使用 $1 + |\{d \in D:t \in d\}|$ 作为分母。

然后，再计算 TF 与 IDF 的乘积：

$$tfidf_{i,j} = tf_{i,j} \times idf_i$$

对于某一特定文件内的高频率词语，以及该词语在整个文件集合中的低文件频率，可以产生出高权重的 TF – IDF。因此，TF – IDF 倾向于过滤掉常见的词语，保留重要的词语。

TF – IDF 模型实现文本相似度分析如下，TF – IDF 模型将词语向量化，既考虑了词频，又考虑了词语在整个文档中的分布情况。文档 A 和文档 B 可以分别表示为：

$$A = [a_1, a_2, \cdots, a_N]$$
$$B = [b_1, b_2, \cdots, b_M]$$

其中，N 为文档 A 中词语的总数；M 为文档 B 中词语的总数。

$$a_i = TF(i) \times IDF(i)$$

其中，$TF(i)$ 为词语 i 在文档 A 中出现的频率；$IDF(i)$ 为词语 i 在所有文档中出现的频率。同理可以得到 b_i。

得到 A、B 文档的 TF – IDF 向量表示后，可以根据相似度函数 $f(a,b)$ 来计算 A、B 文档的相似度。

$$f(a,b) = \cos(a,b)$$

三、数据统计和变量说明

1. 数据统计

表 4 – 13 展示了第一专利权人来自的国家（地区）获得的发明专

利授权数，以及在此基础上产生中国专利运营（包括专利转让和专利许可）的数量。比例最高的来自中国，为5.19%，其次是欧盟、美国、其他国家、日本和韩国，专利运营比例分别为4.42%、4.24%、3.63%、2.79%和2.55%，平均比例为4.42%。

表4-13 第一专利权人来自的国家（地区）获得的发明专利授权数、专利运营数以及比例

国家（地区）	发明专利授权（件）	专利运营（件）	比例
中国	995516	51625	5.19%
美国	230727	9782	4.24%
日本	331581	9266	2.79%
韩国	59757	1523	2.55%
欧盟	149910	6631	4.42%
其他国家❶	100405	3647	3.63%
总数	1867896	82474	4.42%

根据对样本大数据的统计，美国专利权人在人类生活必需（A部）、化学和冶金（C部）、纺织和造纸（D部）等领域专利运营比例较高；欧盟专利权人在化学和冶金（C部）、纺织和造纸（D部）等领域专利运营比例较高；韩国专利权人在化学和冶金（C部）等领域专利运营比例较高；日本专利权人相对在物理（G部）和电学（H部）等领域专利运营比例较高；中国专利权人则在人类生活必需（A部）、作业和运输（B部）、化学和冶金（C部）、纺织和造纸（D部）、固定建筑物（E部）、机械工程；照明；加热；武器；爆破（F部）等领域专利运营比例较高，参见表4-14。

---

❶ 其他国家是指除中国、美国、欧盟各国、日本、韩国之外的国家。

表 4-14 专利权人国家、IPC 部和运营比例

专利权人国家	部的名称	发明专利授权（件）	专利运营（件）	比例
美国	A	26064	1184	4.54%
	B	25844	1083	4.19%
	C	27595	1557	5.64%
	D	1770	108	6.10%
	E	2984	69	2.31%
	F	14663	369	2.52%
	G	42408	2319	5.47%
	H	47345	2054	4.34%
日本	A	22387	399	1.78%
	B	54683	795	1.45%
	C	36388	909	2.50%
	D	4639	109	2.35%
	E	3059	59	1.93%
	F	26976	233	0.86%
	G	78613	2624	3.34%
	H	89611	2905	3.24%
欧盟	A	31538	1088	3.45%
	B	46626	1777	3.81%
	C	37694	2105	5.58%
	D	5540	292	5.27%
	E	5782	186	3.22%
	F	23016	654	2.84%
	G	32351	1265	3.91%
	H	45534	2205	4.84%
韩国	A	3389	81	2.39%
	B	5325	195	3.66%
	C	5304	240	4.52%
	D	1441	5	0.35%
	E	756	22	2.91%
	F	5477	72	1.31%
	G	17704	433	2.45%
	H	24567	576	2.34%

续表

专利权人国家	部的名称	发明专利授权（件）	专利运营（件）	比例
中国	A	140161	8373	5.97%
	B	133006	6203	4.66%
	C	203525	9618	7.23%
	D	16912	948	5.61%
	E	34859	1643	4.71%
	F	60786	3392	5.58%
	G	179132	6208	3.47%
	H	215917	8618	3.99%
总数		1781371	72975	4.10%

2. 变量说明

本节目的是测度专利密集型产业的专利运营与非专利密集型产业的专利运营有多大程度上的不同。设置因变量为 Traded，如果一项专利进行了运营，则设置为 1，否则设置为 0。自变量包括专利申请人来源，即专利申请人来自美国（US）、欧盟（EU）、日本（Japan）、韩国（Korea）、中国（China）或其他国家（Other countries），以及权利要求的数量（Claims）、发明人的数量（Inventors）、PCT 申请（PCT）、本专利被其他专利引用的数量（Forward cit.）、专利引用的文献数（Backward cit.1）、专利引用的其他专利数（Backward cit.2）、申请和授权时间之间的月份数（Time from Application to Grant）、申请和交易时间之间的月份数（Time from Application to Transaction）、IPC 部的数量（IPC1）、IPC 小类的数量（IPC4）。其中，IPC1 和 IPC4 用来表示全球专利战略布局中的技术多样性。一个专利的 IPC 分类号由代表部、大类、小类、大组或小组的符号组合构成。借鉴已有文献❶的研究成果，本书定义了两个方面的专利 IPC 跨领域分类数量：第一个层次是跨部水平，定义为专利所有 IPC 分类号中涉及的部的数量；

---

❶ 郗建红，彭爱东. 专利被引频次与专利分类跨领域相关性研究——以中国在美国授权专利为例 [J]. 情报杂志, 2016, 35 (4): 92-97.

第二个层次是跨子类数量,定义为一项专利所有分类号汇总涉及的不同子类数量。以公开号为 CN1726455B 的授权专利为例,它的 IPC 号为 B41J000530、G06F000312、B41J002938、H04N0001405,那么这条专利的跨部数量为 3,包括 B、G 和 H;跨小类数量也为 3,包括 B41J、G06F、H04N。对各个变量的设置和描述性统计见表 4-15。

表 4-15 对各个变量的设置和描述性统计

变量	定义	平均值	标准差	中位数
US	如果第一专利权人来自美国,则值取 1,否则为 0	0.12	0.33	0
EU	如果第一专利权人来自欧盟某一成员方,则值取 1,否则为 0	0.08	0.27	0
Japan	如果第一专利权人来自日本,则值取 1,否则为 0	0.18	0.38	0
Korea	如果第一专利权人来自韩国,则值取 1,否则为 0	0.03	0.18	0
China	如果第一专利权人来自中国,则值取 1,否则为 0	0.53	0.50	1
IPC1	IPC 部的数量	1.25	0.49	1
IPC4	IPC 小类的数量	1.67	0.97	1
Claims	专利权利要求的数量(取对数)	1.93	0.96	2.08
Inventors	发明人的数量	3.15	2.29	3
Patentors	专利权人的数量	1.2	0.43	2
PCT	如果申请了 PCT 专利,那么取值为 1,反之取 0	0.26	0.44	0
Forward cit.	本专利被其他专利引用的数量	0.08	0.74	0
Backward cit. 1	引用的文献计数	0.49	1.06	0
Backward cit. 2	引用的专利计数	3.21	2.59	3
Time from Application to Grant	申请和授权时间之间的月份数(取对数)	3.72	0.45	3.78
Traded	如果专利进行了运营,则该值为 1,否则为 0	0.04	0.21	0

四、采用模型和结果

这里构建 Logit 模型对 Traded 作为二元变量的影响因素进行分析，Logit 模型通常用来度量二分类，属于概率型模型，能够预测某事项发生的概率，本书用 Logit 模型来预测专利运营是否成功发生的概率。Logit 模型形式定义如下：

$$\text{Logit } p = \beta_0 + \beta_i X + \beta_j R$$

其中，p 为一个二次变量。$p=1$ 表示该专利转让或许可发生了；$p=0$ 则表示该专利没有进行转让或许可。X 为不同的国家变量；R 为若干控制变量，这里以表示专利质量的指标作为控制变量。通过 TF-IDF 模型的方法，共统计专利密集型产业的专利有 1281420 件，非专利密集型产业的专利有 586075 件。

表 4-16 展示了 Logit 边际效应分析的结果。第一列系数和第二列系数分别评价了专利密集型产业各变量对专利运营的影响，可以看出，来自中国的申请人对专利密集型产业的专利运营并没有显著影响，而来自美国、欧盟、日本、韩国的申请人对专利密集型产业的专利运营有一定的正向影响。这从一定程度上来说，在专利密集型产业中，来自中国的专利权人的专利的运营概率并没有明显偏高，这与中国专利申请量较大但专利质量不高有一定的关系。相对来说，来自中国的专利权人在非专利密集型产业中的转让概率较高。

表 4-16 专利密集型产业与非专利密集型产业专利运营的影响因素

变量	专利密集型产业	非专利密集型产业
US	0.06 (0.02)	0.07 (0.04)
EU	0.06 (0.03)	0.04 (0.04)
Japan	0.04 (0.03)	0.01 (0.04)
Korea	0.05 (0.03)	0.02 (0.05)
China	0.01 (0.03) 不显著	0.16 (0.04)
IPC1	-0.10 (0.01) 不显著	-0.05 (0.01) 不显著
IPC4	0.10 (0.00)	0.09 (0.01)
Claims	-0.00 (0.00)	-0.00 (0.00)

续表

变量	专利密集型产业	非专利密集型产业
Inventors	-0.10 (0.00)	-0.12 (0.00)
Patentors	-0.34 (0.01)	-0.32 (0.02)
PCT	0.15 (0.01)	0.11 (0.02)
Forward cit.	0.01 (0.00) 不显著	0.01 (0.01) 不显著
Backward cit. 1	-0.01 (0.00)	-0.02 (0.01)
Backward cit. 2	-0.01 (0.00)	-0.00 (0.00) 不显著
Time from Application to Grant	-0.00 (0.00)	-0.00 (0.00)
年度虚拟变量	显著	显著
观测值	1281420	586075
Chi2	19551	19971
Loglike	-328176	-327966

注：置信水平 *** $p<0.01$，** $p<0.05$，* $p<0.10$。

在其他影响因素中，专利跨部数量的大小对专利运营的成功概率的影响作用并不显著，专利跨小类数量的大小对专利运营的成功概率起到正向影响，这说明在专利的IPC技术选择上，以专利跨小类数量多少表征的技术多元化对专利运营有着积极作用，这一影响在专利密集型产业与非专利密集型产业中都比较显著。还有几个指标应当进行关注：一是发明人、专利权人的数量越多则越阻碍专利运营，可能的原因是发明人或专利权人数量越多说明专利越有可能是研发密集型和技术复杂型，这说明这类企业的专利目的更有可能是阻却竞争者进入市场或抵御专利诉讼，而不是用于转让或许可等方式进行运营。二是权利要求的数量并没有对专利运营起到积极的正向作用，反而起到了负向作用，这可能与专利权利要求数越小、保护的范围越大有一定关系，这说明权利要求数并非越多越好，尽管近年来我国专利权利要求数越来越多，但权利要求数不是越多越好，有可能会降低专利获得授权的概率，增加专利侵权的风险，导致专利授权时间变长，增加专利维持的成本❶，同时不同领域的技术人员应当尽量根据行业特点探索一个合适的阈值。三是从申请到授权的时间越长，运营的概率就越低，从申请到授权的时间长可能由各种原因导致，其中一个重要原因可能是我国知识产权局是根据申请人提出的请求，才对发明专利进行实质审查，所以，当事人提出的请求越早，专利越有可能及早授权。因此，如果专利权人认为该项专利比较重要，或者是市场热门技术，其授权的周期一般相对较短。反之，如果专利技术不太重要，或不是市场急需的技术，其授权的周期一般较长。四是较多地引用参考文献与专利不利于专利的后续运营，这说明原创性越高的专利越受到专利转让市场的欢迎，这一点在专利密集型产业中表现得更为明显。五是进行 PCT 申请的专利后续转让概率更高，一般来说，有 PCT 申请的专利其研发投入高、技术和质量较之一般发明专利高，美国在 20 世纪七八十年代开始注重运用 PCT 以获得世界范围内的法律保护，特别是在生物科技和通信领域，PCT 申请量大且专利质量高，直接提升了产业的竞争优势❷。

五、趋势分析

本节主要对专利运营发生的时间（以申请日与运营日之间的距离计算）进行研究，针对专利运营的信息特点，采用医学中的生存分析模型（Survival Analysis Model）进行分析，生存分析是指根据试验或调查得到的数据对生物或人的生存时间进行分析和推断，研究生存时间和结局与众多影响因素间关系及其程度大小的方法，也称生存率分析或存活率分析。

拟合生存分析模型的方法之一是利用风险函数 $R(t)$，$R(t)$ 用来度量在时间 t 时某一事物存活的风险。即某事物在时间 t 能生存，则 $R(t)$ 分析了在时间 t 时的某事物的死亡概率。其中 $R(t)$ 可以记为风

---

❶ 乔永忠，肖冰. 基于权利要求数的专利维持时间影响因素研究［J］. 科学学研究，2016，34（5）：678-683.
❷ 曾心茁. 美国 PCT 专利申请分析［J］. 中国发明与专利，2009（11）：70-74.

险率或风险函数：

$$R(t) = f(t)/S(t)$$

其中，$S(t)$ 为某事物存活时间超过 t 的概率，为生存函数；$f(t)$ 为生存时间的概率密度函数。

$$S(t) = P(T > t) = 1 - F(t), t \geq 0$$

其中，$F(t)$ 为生存时间的累计分布函数。

通过设置年份的虚拟变量，采用生存模型分析在不同的年份中专利运营的发生时间是否存在着生存时间更小的风险，即专利运营时间是否随着时间的推移出现比以往年份更短的趋势。分析将时间分为4个阶段，分别是第一阶段 period1，1993—1997 年；第二阶段 period2，1998—2002 年；第三阶段 period3，2003—2007 年；第四阶段 period4，2008—2012 年。采用 Kaplan – Meier 法模拟不同阶段下的专利运营时间，从图 4 - 2 可以看出，加入 period1、period2、period3 和 period4 不同时间段进行调节，从趋势上来讲，专利从申请到第一次运营的时间趋势不断缩短。

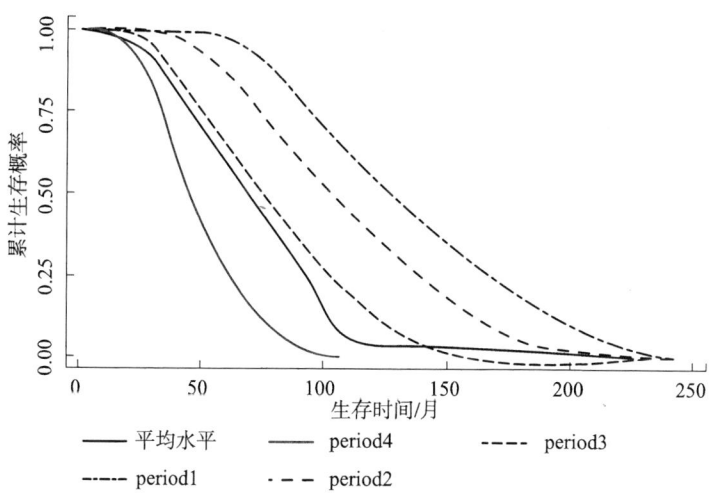

图 4 - 2　不同时间阶段专利从申请到运营的时间趋势

小结： 通过收集并整理我国 1991—2012 年申请并授权的 1944928 件发明专利的运营情况，重点考察了不同产业分类对我国专利运营的影响，主要得到以下三点结论：

第一,中国专利权人相对在物理(G部)和电学(H部)等专利密集型产业领域专利运营比例较低。

第二,较之其他国家,中国专利权人在专利密集型产业中的优势并不明显;即在专利密集型产业中来自中国的专利权利人后续的转让概率并不高。

第三,1991—2012年,从专利申请到专利运营的时间趋势逐渐在缩短,这从侧面反映了技术更新换代速度在加快,社会和市场对高质量专利的需求在增加。

本书的研究对目前相关的专利政策有以下启示:

一是有针对性地提高我国专利申请人的专利质量,增加专利密集型产业中专利后续成功运营的概率。产业的创新动能还是要注重培养市场主体企业的能力,我国专利密集型企业应通过多种途径帮助积累自身的原始性创新。一些研究表明,企业通过提供信息、技术标准等政治行为❶、制定有效的创新政策制度❷、鼓励利益相关者参与原始性创新的形成→产品推出→商业化的全流程❸等措施,可以有利于依靠自身能力推动技术创新和商品化,从而获取商业利益并达到预期目标。

二是加快专利审查,满足日益变化快速的市场需求。目前中国的发明专利审查周期平均时间为22个月,日本的总审查周期平均为14.6个月,美国一通专利进入实审并发出第一次审查意见通知书周期为16.2个月❹。这说明中国发明专利审查周期较之发达国家仍有改进的空间。随着经济社会的发展,在公共资源不足的情况下可以对某些

---

❶ 高山行,李炎炎. 生物医药企业政治行为与原始性创新:知识管理的中介作用 [J]. 科学学与科学技术管理,2018,39(7):24-36.

❷ 陈雅兰,张晓明,戴顺治,等. 原始性创新驱动因素与创新绩效相关性研究 [J]. 科研管理,2017,38(10):10-21.

❸ 杨燕,蔡新蕾. 原始性创新的触发机制研究——基于动机性信息处理理论和利益相关者视角 [J]. 科研管理,2016,37(9):1-10.

❹ Holgersson M. Patent management in entrepreneurial SMEs: a literature review and an empirical study of innovation appropriation, patent propensity, and motives [J]. R&D Management, 2013, 43(1): 21-36.

社会急需的技术进行优先审查。我国知识产权局于 2012 年 6 月发布了《发明专利申请优先审查管理办法》，规定优先审查的范围包括：①涉及节能环保、新一代信息技术、生物、高端装备制造、新能源、新材料、新能源汽车等技术领域的重要专利；②涉及低碳技术、节约资源等有助于绿色发展的重要专利申请；③就相同主题首次在中国提出专利申请又向其他国家或地区提出申请的该中国首次申请；④其他对国家利益或者公共利益具有重大意义需要优先审查的专利申请。除采取技术优先审查模式外，也可借鉴国外发达国家或地区的审查模式，例如，为加快审查进程，美国专利商标局（USPTO）推出了加快审查、Track1 优先审查程序，日本专利局（JPO）推出了优先审查、加快审查、超快审查等审查制度，欧洲专利局（EPO）推出了欧洲专利申请加快审查程序（PACE），韩国专利局（KIPO）推出了三轨制审查、超快审查等创新举措来创新专利审查模式，这些经验和制度设计可供我国现行专利审查模式进行借鉴❶。

---

❶ 郑树华，孙辰辉. 浅谈国外专利审查模式的创新发展［J］. 中国发明与专利，2016（1）：84-89.

第三篇 专利密集型产业培育政策研究

第五章 专利密集型产业培育政策现状研究

产业政策一般是指政府为了实现一定的经济和社会目标而对产业的形成和发展进行干预的各种政策的合集。国家通过加强和改善宏观调控、抑制固定资产投资增长过快、制止部分行业盲目扩张、有效调整和优化产业结构,从而提升产业发展,促进国民经济持续、快速、健康发展。从我国目前的实际情况来看,产业培育政策与行业准入政策、落后产能淘汰政策并列为三大产业政策。对于专利密集型产业的培育来说,国家政策一般涉及以下内容:一是核心技术领域的重大突破,为专利密集型产业的发展提供了有力支撑。二是各类经济政策的协同作用与支持。产业政策配合财税、投融资、政府采购等各类经济政策共同作用,引导和推动各项先进生产要素向专利密集型产业集中,同时避免各省域之间的盲目发展和重复建设。三是建立健全产业发展的体制和机制保障。通过体制机制创新,消除专利密集型产业发展中存在的跨部门、跨行业和跨地区障碍。本章将从国家层面、省市层面和产业层面三个角度,展开专利密集型产业培育政策的现状研究。

第一节 国家层面

专利密集型产业蕴含大量创新要素和资源,是我国当前以及未来产业结构升级转型的重要方向,尤其是高科技云集的专利领域往往与高价值技术和战略性新兴产业息息相关,从国家战略层面看,专利密集型产业与战略性新兴产业、高技术产业(制造业)和高技术产业

（服务业）一脉相承，都属于高价值型的产业。不过我国专利密集型产业尚处于发展阶段，对内存在对专利积极作用的边际递减效应，对外存在涉及高价值专利的国际贸易摩擦和国际知识产权纠纷，需要不断探索有关法律或政策等制度保障，促进产业稳定持续发展，削弱外部环境带来的不利影响❶，这也符合专利密集型产业的本质，该产业具有对知识产权制度十分依赖的产业集群特性❷。为使专利密集型产业进一步促进我国产业结构升级，提高创新能力和国际竞争力，为经济持续发展做出贡献，我国应充分运用政策杠杆和优惠举措，发挥制度作用。专利保护的强度变动对专利密集型产业利润率变化的影响也较为显著，因此专利密集型产业的发展既需要遵循市场发展规律又需要立足公共利益和社会利益的视角，充分发挥法律法规的规制作用和政府的服务功能，对产业起到保护和激励作用，这也与知识产权法的本质属性是公共政策对利益平衡的追求相符合❸。

通过对我国涉及专利密集型产业发展路径的制度进行整理和分析发现，相关制度可以分为以下几种类型：①按照制度实施范围不同，可以分为范围较宽广的一国普惠适用的知识产权制度、专门针对专利密集型产业繁荣的产业制度和促进专利密集型企业发展的制度。②按照制度具体内容的不同，可以分为知识产权创造、运用、保护、服务、管理以及知识产权创新激励等方面的制度。③按照制度制定的目的，可以分为有关专利密集型产业统计监测及相关标准的制度和包含具体措施的制度。④按照制度是否具有法律效力及制定主体的不同，可以分为广义上的法律和其他政策及文件。

一、政府政策

实证研究表明，在以专利密集型产业为主体的创新产业发展过程

---

❶ 黎文，梅雅妮，周霞. 贸易摩擦、企业附加值和研发投入对知识产权（专利）密集型产业专利申请的影响——基于中国2013—2018年上市公司数据的分析［J］. 科技管理研究，2020，40（7）：180-189.

❷ 李青文，辜庆志. 欧盟知识产权密集型产业的经济贡献及对我国的启示［J］. 铜陵学院学报，2018，17（6）：13-19.

❸ 王迁. 知识产权法教程［M］. 北京：中国人民大学出版社，2019：12-13.

中，政府的产业政策具有积极的引导作用❶。专利密集型产业具有较强的外部特征和公共产品的特质，因此更需要政府这只有形的手进行干预❷。但是也需要考虑过度的政策干预有可能带来专利激增、专利质量偏低、专利服务市场混乱等问题。下面分两个方面对知识产权政策展开综述。

1. 知识产权政策

（1）知识产权保护政策

2016 年 11 月 23 日，国家知识产权局印发《关于开展知识产权快速协同保护工作的通知》，为切实解决知识产权维权举证难、周期长、成本高等问题，要求快速维权、审查和确权，推进知识产权保护多方协作，发挥专利导航的作用，完善知识产权运营方面的工作，拟选取一些地方上具有优势产业聚集的城市或地区，设立知识产权保护中心。促进知识产权产业创新与保护相结合，进一步鼓励和支持产业结构调整和产业升级。2016 年中国（常州·机器人及智能硬件）知识产权保护中心成立，至 2020 年 6 月 1 日已在全国范围内设立 33 个知识产权保护中心。知识产权保护中心是我国知识产权保护领域重要的制度机制创新之一，也是实施快速协同保护机制的重要环节。具体的工作遵循"三结合、三拓展、两对接"的思路。"三结合"是指"与国家和地方的优势特色产业布局相结合""与地方的知识产权执法、保护体系建设相结合""与知识产权审查业务相结合"；"三拓展"是指"业务从外观设计到三种专利、商标、地理标志的多门类拓展""从快速审查到快速无效、快速复审、快速确权和快速维权的全链条拓展""从针对单类产品、单个行业到面向整个产业领域的全领域拓展"；"两对接"是指"与国家重大战略部署对接，如各地自由贸易试验区、全面创新改革试验区、双创示范基地建设等相对接""与知识产权重点项目、重点工程对接，形成政策叠加效应"。结合国家与

---

❶ 孟天宇. 专利密集型产业竞争力研究——以江苏省为例［J］. 技术与创新管理，2020，41（3）：287-291.

❷ 田家林. 区域专利密集型产业知识产权运营效率比较分析［J］. 财会月刊，2019（24）：134-139.

地方的优势特色产业，面对整个产业进行全领域扩展，对接知识产权重点项目和工程的路径与发展专利密集型产业密切相关。2017年，中国（浦东）知识产权保护中心成立，聚焦高端装备制造、生物医药两大产业，开展知识产权快速审查、快速确权、快速维权等协同保护工作。中国（浦东）知识产权保护中心，也是在整合现有专利、商标、版权等资源的基础上进行的创新实践，推动建立一个集快速审查、快速确权、快速维权、高效运营于一体的国家级知识产权功能性平台，提升服务国家"一带一路"倡议、推进市场主体"走出去"的能力。

发挥地方产业优势建设的经验可以参考深圳市。2017年4月出版的《经济学家》（Economist）杂志，发表了题为《深圳已成为创新温室》的特别报道，就深圳为何成了世界创新和发明的"皇冠上的明珠"、如何改写世界创新规则、怎样培育创新型企业集群进行系统而生动的分析，并给深圳一个比硅谷更为传神的美名——"硅洲"（Silicon Delta）。深圳在研发（R&D）上的支出超过GDP的4%，是全国平均水平的2倍。南山区的比例则超过6%，大部分资金来自私营公司。深圳的企业还有更多的国际专利，其中大多是高质量的专利，与国内其他省份企业所获得的专利有所不同。深圳一个城市所获得的国际专利，已超过了法国或英国❶。华为是世界上高质量国际专利最多产的企业之一，它与瑞典的爱立信公司一道合作，使其走在第五代移动通信（5G）的前沿，继而取代目前的第四代移动电话（4G）的开发。华为在研发方面的支出比苹果公司更多，也是全球智能手机和云计算领域的一大强势力量。深圳市具有高新技术企业密集的特点，特别是互联网和新能源等战略性新兴产业的专利密集程度较高，对专利知识产权保护的需求更加强烈。中国（深圳）知识产权保护中心集聚深圳市优势产业，发挥粤港澳空间优势，加强专业人才引进，会同公检法、司法、海关、仲裁等部门和专业机构、行业协会、产业联盟、运营中心等相关单位，构建快速协同保护体系，推进各项知识

---

❶ 英媒：深圳成制造业创新中心 粉碎"中国抄袭"谣言［EB/OL］.（2017 - 04 - 19）［2020 - 04 - 21］. http://finance.ifeng.com/a/20170419/15307965_0.shtml.

产权保护制度和服务建设。在维权政策建设方面,针对我国专利密集型产业往往需要面临较大风险的情况,已有的一些相关政策可以用于专利密集型产业的风险防控。我国鼓励各地建设知识产权维权中心,维权中心的专业工作人员不仅可以提供相应服务,维权中心还承担为知识产权密集型企业提供专利信息共享和战略预警、专利价值分析的公益性服务❶。2019年11月,由中共中央办公厅和国务院办公厅发布的《关于强化知识产权保护的意见》要求完善相关制度,运用法律、经济、技术、行政和社会治理等多重手段综合提高知识产权保护水平。确立知识产权保护"严大快同"的政策导向。近年来,我国对专利密集型产业相关制度保障的建设工作不断取得新的进展,以专利密集型产业之一的信息通信制造业为例,为加强对其下级电子器件制造之一的集成电路制造行业的保护,国家知识产权局依据《集成电路布图设计保护条例》和有关规章在2019年4月发布了《集成电路布图设计审查与执法指南(试行)》的部门工作文件,通过发布具体行政审查和行政执法操作指南的方法,进一步提高集成电路布图设计审查和执法水平,保护权利人、研发人员和社会公众利益。

(2) 知识产权服务和管理

在帮助国家专利密集型产业布局方面,可以运用专利导航的方法。所谓专利导航,是指运用专利制度的信息功能和专利分析技术系统导引产业发展的有效工具。我国从2013年4月起首次进行专利导航试点工程,已陆续在移动互联网、超硬材料、微纳制造等产业实施规划,专利导航为发展相应产业提供了重要的决策支撑❷。开展专利导航需要注意遵循聚焦专利密集型产业的原则。通过专利制度激发专利密集型产业技术创新的活力,把握产业技术关键环节,集中优势资源开展专利运用,形成竞争优势突出的产业集群、创新集群和专利集群,整合各类优势资源。针对专利密集型产业,利用市场化、集群

---

❶ 张冬,李颖超. 我国专利密集型产业专利风险防控问题研究 [J]. 科技与法律,2019 (3): 10 – 18.

❷ 国家知识产权局. 移动互联网产业专利导航分析成果发布会在沪召开 [EB/OL]. [2020 – 07 – 12]. http://gov.eastday.com/zscq/mtjj/n2512/u1ai15345.html.

化、联盟化、协作化等手段吸引并整合专利、技术、人才、金融等资源，集中打造国内外具有较强竞争力和影响力的产业高地、专利运用与人才高地。通过专利导航融入产业发展决策体系，增强产业发展规划决策和重大项目决策的科学性、产业技术发展路线选择的合理性、产业创新政策导向的准确性以及产学研结合的针对性。促使产业发展规划、产业运行决策的科学化程度进一步提高，使产业布局更加科学、产业结构更加合理。培育形成若干具有区域特色、优势明显、专利集聚、布局合理、具有国际先进水平的专利密集型产业集群，逐步实现专利和产业发展的紧密结合，专利运用模式的有效创新，专利运营的高端发展，为实施创新驱动发展战略提供强有力的支撑和保障。

战略性新兴产业是专利密集型产业的重要组成部分，为进一步阐释如何进行专利导航区域产业布局，笔者以国家知识产权局发布的《战略性新兴产业发明专利统计分析总报告（2015年）》为基础，对京津冀地区、江浙沪地区和珠三角地区的主要省份的战略性新兴产业的发明专利申请量进行了分析，见表5-1。

表5-1 2014年七大战略性新兴产业主要省市发明专利申请量　　单位：件

经济带名称	主要省市名称	节能环保	新一代信息技术	生物	高端装备制造	新能源	新材料	新能源汽车
京津冀地区	河北	828	242	748	214	291	288	57
	北京	5158	12803	4652	2041	3045	2840	429
	天津	1412	1293	1940	361	317	716	85
江浙沪地区	上海	2643	4728	3358	985	891	2072	276
	浙江	3446	2065	3401	764	805	1977	214
	江苏	10026	5554	9160	2459	2619	5928	385
珠三角地区	广东	4795	12631	4561	1254	1699	2719	338
	香港	75	145	85	30	34	24	3
	澳门	1	18	9	—	1	—	1

资料来源：《国家知识产权局战略性新兴产业发明专利统计分析总报告（2015年）》。

从图5-1可以看出，河北省较之北京和天津的战略性新兴产业的发明专利申请量都比较小，以河北省各项战略性新兴产业的发明专利申请量为基数,计算北京和天津较之河北省的专利势差,计算方法为:(北京或天津的专利-河北的专利)/河北的专利,可得表5-2。根据表5-2进一步绘制图,如图5-2所示。

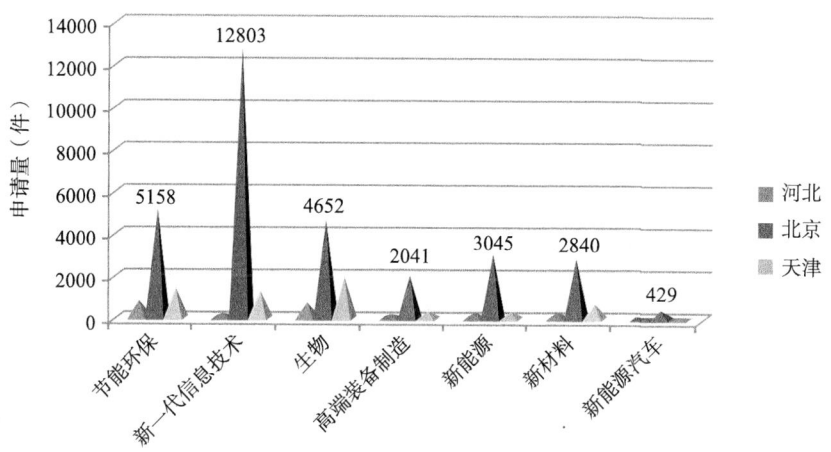

图5-1 京津冀三地战略性新兴产业发明专利申请量

表5-2 京津冀三地专利势差(以河北省为基准)

	节能环保	新一代信息技术	生物	高端装备制造	新能源	新材料	新能源汽车
河北	1.00	1.00	1.00	1.00	1.00	1.00	1.00
北京	5.23	51.90	5.22	8.54	9.46	8.86	6.53
天津	0.71	4.34	1.59	0.69	0.09	1.49	0.49

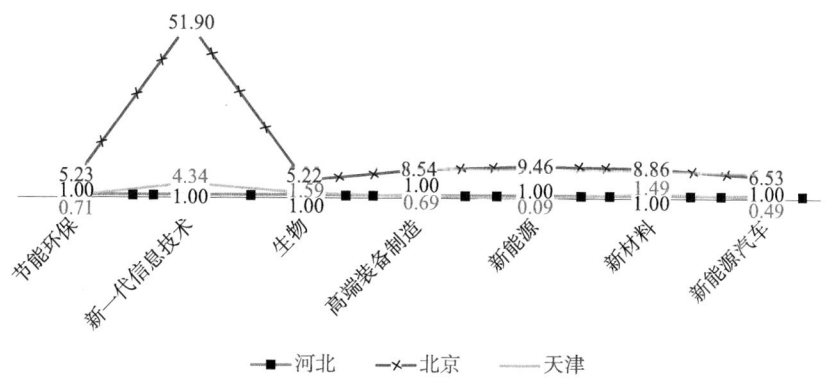

图5-2 京津冀三地专利势差(以河北省为基准)

可见，在各项战略性新兴产业中，河北与北京相比，专利势差最大的为新一代信息技术，专利势差较小的为生物、节能环保、新能源汽车，其他的有高端装备制造业、新能源、新材料。与天津相比，专利势差最大的也为新一代信息技术，其次分别为生物和新材料，然后是节能环保、高端装备制造、新能源汽车，新能源的专利势差最小。因此，在考虑河北省与北京、天津产业对接的过程中，可以结合雄安新区的产业功能定位，优先引导规划北京以及天津节能环保、生物、新能源、新材料相关企业的研发总部和新设立的部门搬迁至雄安新区，以实现"产城融合"的理念，对战略性新兴产业的产业链进行梳理，以实现差异化的错位发展。中期可以布局新一代信息技术、高端装备制造和新能源汽车等产业。

（3）激励政策

此外，许多地方纷纷出台区域性激励政策和集聚中心建设项目，例如，福建省泉州市2018年10月发布的《泉州市专利密集型产业管理办法》规定，对纳入泉州市专利密集型的企业给予以下优惠政策：①根据当年市财政资金预算给予每家5万元金额奖励，主要用于开展专利申请与专利产业化实施、专利运营与布局、专利导航、专利权质押融资、专利保险、专利权评价、专利数据库建设等工作。②对技术含量高、市场前景好的专利权质押贷款项目，优先安排贷款贴息。③组织服务机构入企开展《企业知识产权管理规范》国家标准的辅导，指导企业开展"贯标"工作。④对符合申报国家、省知识产权示范和优势企业条件的，优先推荐。⑤对实施效益显著的专利项目，优先推荐参加"中国专利奖""福建省专利奖"等奖项的评选。⑥建立知识产权保护快速通道，帮助和支持企业积极应对知识产权纠纷。⑦支持企业人才培养工作，对重点企业开展"知识产权入园进企"专题培训，组织企业知识产权管理人员、科研人员参加知识产权培训、交流活动❶。东莞市

---

❶ 泉州市知识产权局. 泉州市知识产权局关于印发泉州市专利密集型企业管理办法（暂行）的通知［EB/OL］.［2020-07-11］. http://www.qzlc.gov.cn/zwgk/qzbm/kjj/kjzc/201810/t20181026_1346073.htm.

出台了一系列"1 + 1 + N"的科技政策体系,包括作为纲领性文件的《关于贯彻落实粤港澳大湾区发展战略 全面建设国家创新型城市的实施意见》(提出将东莞建设为国家创新型城市的总目标,并构建原始创新、技术创新、成果转化、企业培育等多层次的创新体系建设),围绕松山湖材料实验室建设,发挥自身独特优势,制定《松山湖材料实验室建设发展专项扶持办法》和《松山湖材料实验室财政专项经费使用管理办法》等专项政策,依托中科院建立的科技合作网络,在技术研发和成果转化上先行启动合作专项,围绕东莞市产业转型升级方向和企业技术需求,每年设立5000万元的"中国科学院科技服务网络计划(STS)——东莞专项"。发布《东莞市深入推动科技金融发展的实施意见》,为初创型企业提供科技金融支持,将科技、产业与金融有机结合。为东莞市重点领域研发项目出台《东莞市重点领域研发项目实施办法》,针对创新型企业也出台了《东莞市培育创新型企业实施办法》的具体政策❶。北京市则在高层次科技人才引进方面,实施"高层次创新创业人才支持计划""科技北京百名领军人才培养工程"等人才计划。在知识产权运用和专利成果转化方面,利用中关村政策优势,推动国防科技成果向民用领域转移转化和产业化。江浙沪皖四地的科技部门于2020年6月6日签署了《共同创建长三角国家技术创新中心的框架协议》,目标为建设成为全球创新资源配置枢纽、产业技术创新枢纽、人才价值转化枢纽。

在资金投入政策方面,通常情况下,科技拨款和税收减免是充分发挥财政资金引导和杠杆作用的主要工具。直接的财政科技拨款和间接的财税政策是国家激励企业研发与创新的普遍做法。以我国高新区采取的财税政策为例,2018年有151家高新区均为支持企业创新提供了财政税收优惠政策,从分布来看,排名前3位的财政税收优惠政策分别是设立高新技术产业专项补助资金、设立科技发展资金资助企业科研开发、设立专利申请资助专项经费。此外,还有为企业的创新投

---

❶ 潇湘晨报. 东莞密集出台7个科创新政,全力建设国家创新型城市[EB/OL]. [2020 – 07 – 11]. https://baijiahao.baidu.com/s?id = 1671643896229347869&wfr = spider&for = pc.

入提供信用担保、实施科技产业引导性投资、对自主创新型企业减税或返还、特许权使用费实行免征或减征、建立高增值产品的增值税补偿机制、帮助中小企业增加在政府采购合同中所占比重等相关政策。

2. 知识产权政策的冷思考

由于专利常常被作为技术创新的指标,中国专利的激增引起了学者和业界的激烈争论。中国专利数量呈几何级数增长,国内外大量文献从不同角度对其原因进行了探讨。许多专家认为,中国专利法律制度和政策的推动对专利的增长非常重要。Hu 和 Jefferson(2009)认为我国 2000 年修订的专利法对专利数量的增长产生了显著影响❶。同时,根据世界知识产权组织的统计数据,我国专利申请的发展速度远高于美国、日本、韩国和欧盟等主要国家或地区。在过去的若干年中,各省区实施的专利补贴计划对中国专利数量的爆炸式增长起到了重要作用(Li,2012)❷。一些研究指出,虽然中国在专利申请和专利授权方面有着快速增长,但这仅仅是数量的增长,与创新不相关的专利获取动机在专利激增中扮演了重要角色(Albert Hu,Peng Z,Zhao L,2017)❸。Prud'H(2012)认为,我国一系列与专利相关的法律和政策,包括专利申请、财政激励、外贸补贴、创办高新技术企业等,并不能真正达到预期效果。它给我国专利质量的提高带来了负面影响和制约❹。

中国正从一个高度依赖廉价劳动力和集约利用资源的制造型经济体,转变为拥有独立高端技术知识基础的创新驱动型经济体。根据世界知识产权组织发布的报告,自 2000 年以来,向中国国家知识产权

---

❶ Hu A G Z, Jefferson G H, Qian J. R&D and technology transfer: firm-level evidence from Chinese industry [J]. Review of Economics & Statistics, 2005, 87 (4): 780-786.

Hu A G Z, Jefferson G H. A great wall of patents: what is behind China's recent patent explosion? [J]. Journal of Development Economics, 2009, 90 (1): 57-68.

❷ Li X. Behind the recent surge of Chinese patenting: an institutional view [J]. Research Policy, 2012, 41 (1): 236-249.

❸ Hu A G Z, Peng Z, Zhao L. China as number one? evidence from China's most recent patenting surge [J]. Journal of Development Economics, 2017, 124: 107-119.

❹ Prud'Homme D. Dulling the cutting edge: how patent-related policies and practices hamper innovation in China [J]. Mpra Paper, 2012.

局提交的发明专利申请以年均20%左右的速度增长,远远超过世界范围内的专利增长速度。发明专利作为一项指标不仅局限于知识产权和技术领域,它关系到中国的经济和产业规划。在《2006—2020年国家中长期科学技术发展规划纲要》(以下简称《规划纲要》)中指出,"到2020年,本国人发明专利年度授权量进入世界前5位"。2011年是"十二五"规划开局之年,在这个规划中,首次将"万人发明专利量"这一量化指标列入国家指标。每万人口发明专利拥有量,主要是指每万人拥有经知识产权行政部门授权且在有效期内的发明专利件数。计算公式为:每万人口发明专利拥有量=年末发明专利拥有量/年末总人口。每万人口发明专利拥有量指标是被列入国家"十三五"时期经济社会发展的主要指标之一。《规划纲要》提出,到2020年,每万人口发明专利拥有量从2015年年底的6.3件提高到12件。除这些全国性的战略目标之外,量化的专利目标也被设定为省市的区域性目标。例如,《深圳市2018年知识产权发展状况白皮书》显示:深圳市每万人口发明专利拥有量为91.25件,为全国平均水平(11.5件)的7.9倍。推动专利快速增长的因素还包括一系列政府主导的金融改革和税收措施,这些改革和税收措施旨在鼓励企业层面的专利数量。例如,《高新技术企业认定管理办法》第二条中所说的高新技术企业,是指在《国家重点支持的高新技术领域》内,持续进行研究开发与技术成果转化,形成企业核心自主知识产权,并以此为基础开展经营活动,在中国境内(不包括港、澳、台地区)注册的居民企业。第四条则规定"依据本办法认定的高新技术企业,可依照《企业所得税法》及其《实施条例》、《中华人民共和国税收征收管理法》(以下称《税收征管法》)及《中华人民共和国税收征收管理法实施细则》(以下称《实施细则》)等有关规定,申报享受税收优惠政策"。如果一个企业能够被认定为高新技术企业,则该条例规定企业只需缴纳15%的所得税,而且企业的研发费用还可以加计扣除。

专利资助政策的出台极大地刺激了专利申请量、授权量的攀升,1999年上海市首次出台我国最早的专利政策,此后全国各省市、各级专利资助政策越来越多，如广东省发布《广东省专利奖励办法》、江苏省发布《江苏省专利实施计划项目和资金管理暂行办法》、浙江省发布《浙江省知识产权保护与管理专项资金管理办法》等，部分地方专利补贴规范性文件、专利资助标准见表5-3和表5-4。

表5-3 各地区提供专利补贴支持的时间和政策文件

地区	时间	政策文件
上海	2018年9月	《上海市专利资助办法》
新疆	2011年3月	《新疆维吾尔自治区专利申请资助专项资金管理办法》
	2015年6月	《新疆维吾尔自治区科技专项经费管理办法（试行）》
湖北	2011年8月	《湖北省授权专利奖励专项资金管理办法（试行）》
湖南	2013年2月	《湖南省专利奖励办法实施细则》
	2013年6月	《湖南省专利资助办法》
贵州	2014年8月	《贵州省优秀专利评奖办法（试行）》
北京	2014年10月	《北京市专利资助金管理办法》
福建	2014年10月	《福建省专利奖评奖办法实施细则（试行）》
海南	2015年1月	《海南省专利申请资助办法》
浙江	2015年1月	《浙江省知识产权保护与管理专项资金管理办法》
江西	2015年5月	《江西省专利奖励办法实施细则》
安徽	2015年9月	《安徽省专利条例》
云南	2016年1月	《云南省专利资助办法（试行）》
	2017年2月	《云南省专利奖奖励办法（试行）》
天津	2016年5月	《天津市专利资助管理办法》
重庆	2016年6月	《重庆市专利资助办法》
江苏	2016年7月	《江苏省知识产权专项资金管理办法》
	2016年9月	《江苏省知识产权创造与运用专项资金管理实施细则》
山西	2016年7月	《山西省专利奖励办法》
甘肃	2016年8月	《甘肃省专利奖励试行办法实施细则》
	2019年1月	《甘肃省专利奖励办法（修订草案）》
青海	2016年9月	《青海省专利补助资金管理办法》
河南	2016年12月	《河南省专利申请资助资金管理办法（试行）》
	2017年8月	《河南省专利奖励办法》

续表

地区	时间	政策文件
四川	2017年1月	《四川省专利资助资金管理办法》
	2017年1月	《四川省专利资助资金管理规程》
宁夏	2017年4月	《宁夏回族自治区知识产权补助资金管理办法》
广西	2017年5月	《广西壮族自治区专利资助和奖励办法（试行）》
辽宁	2017年6月	《辽宁省发明专利申请费用补助资金管理办法》
山东	2017年8月	《山东省专利奖励办法实施细则》
内蒙古	2017年10月	《内蒙古自治区发明专利费用资助办法》
北京	2017年12月	《北京市专利资助金管理办法实施细则》
吉林	2018年1月	《吉林省专利条例》
福建	2018年6月	《福建省专利奖评奖办法》（2018年修改版）
江西	2018年7月	《关于补充调整江西省省级专利费资助政策的通知》
陕西	2018年8月	《陕西省省级财政专项资金管理办法》
河北	2018年11月	《河北省专利奖评选办法（2018年修订）》
安徽	2018年12月	《安徽省高价值专利项目评审和管理办法（试行）》
广东	2019年4月	《广东省专利奖励办法》（2019年新版）

表5-4　2018年部分地区专利资助标准

地区	资助标准
上海	授权资助，授权后一次性资助不超过人民币2500元； 年费资助，缴纳授权后第三年的年费之后一次性资助不超过人民币1500元； 对小微企业获得的首件授权国内发明专利，一次性资助不超过人民币3000元； 对获得中国专利奖的国内发明专利，一次性资助人民币10000元； 对权利稳定性好或投入实际运营的国内发明专利，一次性资助人民币3000元； 资助申请人申请港澳台授权发明专利资助的，每项专利资助的金额不超过人民币3000元； 资助申请人申请国外专利资助的，每项发明专利授权后资助不超过5个国家或地区。其中，通过PCT途径获得授权的每个国家或地区资助不超过人民币5万元，通过巴黎公约途径获得授权的每个国家或地区资助不超过人民币4万元

续表

地区	资助标准
北京	对获得国内授权的专利,单位发明专利每件奖励1500元,个人每件发明专利资助1000元,实用新型、外观设计专利每件奖励150元; 对获得国外授权的专利,美国、日本和欧洲资助不超过2万元/件/国,其他国家资助不超过1万元/件/国,单位资助不超过100万元,个人资助不超过10万元
天津	授权发明专利每件1000元,首件发明专利2000元,发明专利的4~10年的年费每件400元; 同一企业,每年每项获得的补贴额最高不超过30万元
河北	国内发明授权专利每件资助5000元; 国外发明授权专利每件资助50000元
山东	企业、事业单位及个人国内授权的发明专利,每件一次性资助2000元; 国外授权的发明专利,单位每件每个国家资助2万元,个人每件每个国家资助1万元,对同一件发明创造在多个国家获发明专利权的,最多按5个国家予以资助; PCT专利申请,单位申请每件资助1万元、个人申请每件资助4000元
浙江	国内授权发明专利,每件3000元; 新获得省专利、外观设计专利奖金奖:10万元,优秀奖:5万元; 新获得国家专利、外观设计专利奖金奖:50万元,优秀奖:10万元
广东	获得中国专利金奖或中国外观设计金奖的单位和个人,每项奖励100万元; 获得中国专利银奖或中国外观设计银奖的单位和个人,每项奖励50万元; 获得中国专利优秀奖或中国外观设计优秀奖的单位和个人,每项奖励30万元
安徽	授权的中国发明专利,每件资助5000元; 授权的国外发明专利,每件资助2万元; 获中国专利金奖和优秀奖的,给予重大奖励
福建	国内授权发明专利:职务发明每件资助5000元,非职务发明每件资助2500元; PCT国际申请国际阶段:职务申请每件资助5000元,非职务申请每件资助2500元; 通过PCT途径向外国申请并获得授权的发明专利:获得美国、日本和欧洲专利局发明专利授权的,每件资助2万元;获得其他国家发明专利授权的,每件资助1万元,非职务专利按以上的50%计算

续表

地区	资助标准
湖南	国内职务发明专利，每件资助3000元； 实用新型、外观设计专利，每件资助400元； 在其他国家（地区）完成国家公布或授权的，每件资助1万元
辽宁	获得首件授权发明专利的单位，每件资助2500元； 通过PCT途径向国外申请发明专利，进入国家阶段的单位或个人，每件资助5000元； 企业发明专利维持到第7年的年费：每件资助1000元，同一家企业每年不超过1万元

从表5-3可以看出，目前基本上各个地区都规定了地方专利条例以及制定了各种激励措施，这些措施一般包括荣誉、奖金、酬金等方面，各地区相关规定基本相同。仅有少数地区制定了有特色的专利条例，例如上海市，除奖励外，对符合经济社会发展需求的专利予以扶持，对获得发明专利授权并实际投入运营的专利进行优先扶持，目的在于推动市场转化和运用。专利资助和补助政策本应当用来在企业困难的时期帮助企业渡过难关，避免他们因为经费紧张而失去专利保护的好机会。中国的专利申请存在以下问题：中国专利较多在国内申请，相比较之下，美国在国外的专利申请量是中国的4倍；中国高校和垄断国企的专利数量多；专利的质量偏低；创新型公司的专利数量较少。因此，2018年国家知识产权局办公室发布了《关于开展专利申请相关政策专项督查的通知》，通知包括的主要内容有：严格专利资助范围；合理确定专利资助标准；加强工作衔接避免超额资助；强化专利申请相关政策台账管理；严厉打击非正常专利申请。这个通知表明国家意识到专利资助和补助政策与专利申请数量之间的关系，正在开始规范和减少专利补助。2020年2月3日，教育部、国知局、科技部三部委发文《关于提升高等学校专利质量促进转化运用的若干意见》，3月5日，国家知识产权局发布2020年工作要点，提到"继续提高知识产权审查质量和审查效率，到年底将高价值专利审查周期压减到16个月以内，商标注册平均审查周期压缩至4个月以内。形成

打击非正常专利申请和商标恶意注册、囤积行为的长效机制。推动各地全面取消实用新型、外观设计和商标申请注册环节的资助与奖励"。这些措施的出台,会不断帮助企业形成保护真正知识产权的意识,也会筛掉一些企业或高校的通过知识产权套利、囤积行为等非正常申请行为;同时还可以净化知识产权代理机构和服务行业,实现知识产权代理机构的优胜劣汰;对当地政府来说,可以减少政府的财政预算和补贴,减少不必要的财政支出和社会成本,促使真正高质量的专利越来越多,降低低质量垃圾专利的数量。

二、域外制度借鉴

关于产业异质性与专利保护之间的关系,若干经济学的实证研究证明,创新在不同产业中运转的方式不同,专利法对创新发挥的作用也因产业的不同而显示出巨大差异。美国学者鲍勃·汉娜认为"专利文献中最为普遍的经验就是根本不存在普遍性的经验"[1]。因此,专利从申请到授权后的每个阶段——是否申请专利、专利权利范围的确认、专利授权、专利实施、确定诉讼策略,都与特定的产业类别有关。美国国会关于"不同产业是否应有不同的专利制度"的专利改革辩论从 2005 年开始,历时 4 年,因为无法达成一致而搁浅[2]。但这方面的问题仍一直存在,期待实践当中立法和司法机构可以给出更好的解决方案。学者认为知识产权制度对某些产业的创新具有重要意义。曼斯菲尔德研究了美国制造企业的专利,认为专利制度对某些行业的创新是有用的,如医药、化工(Mansfield,1986)[3]。进一步研究表明,专利所有权对产业价值的影响显著高于医药、化工、计算机、电子、金属和机械等高科技行业(Hall,Jaffe,等,2001)。一般来说,

---

[1] Robert W H. The Economics of patent protection:Policy implications for the literature [J/OL]. [2020 - 07 - 11]. https://ssrn.com/abstract = 467489. DOI: 10.2139/ssrn.467489.

[2] 丹·L 伯克,马克·A 莱姆利. 专利危机与应对之道 [M]. 马宁,余俊,译. 北京:中国政法大学出版社,2013:117.

[3] Mansfield E. Patents and innovation:an empirical study [J]. Management Science,1986,32(2):173 - 181.

产业可以分为离散产业和复杂产业。Levin 等（1987）认为，由离散产品组成的行业，如化学行业的产品，可以相对容易地为创新申请专利，因为每个发明产品的分子结构都是独一无二的；然而，这些产品很容易受到竞争对手的模仿[1]。同时，专利对复杂行业也有影响（Cohen 等，2000）[2]。一般来说，企业对构成复杂产品所需的补充技术没有专有控制权，而且由于所需技术通常由竞争对手公司获得专利，因此企业之间会演变出严格许可活动的环境。这些由专利丛林引起的传统互补问题提高了产品开发的总体成本（Shapiro，2001）[3]。事实上，许多文献都试图提供可行的解决方案，通过阻止过度的专利活动来增强现有的专利制度，以克服专利丛林问题（Graham 和 Harhoff，2014）[4]。在一些具体产业，发达国家或国际组织为最依赖专利保护的医药产业提供了特殊的知识产权保护政策，如美国 1984 年颁布的《药品价格竞争和专利权期限补偿法》（Hatch – Waxman 法案），率先建立专利期限补偿制度。此外，在生物医药领域，美国在 NIH 建立了一个新的国家转化科学促进中心，以帮助生物医药企业缩短新药和诊疗方法商业化的时间，降低成本[5]。此后在 Myriad 案中，法院确立了被分离出来的 DNA 也可以取得专利，显然打破了传统意义上科学发现不能获得专利的界限。日本、欧盟、澳大利亚、以色列、韩国、俄罗斯和中国台湾等国家和地区均建立专利期补偿制度，药品专利期补偿制度在美国、日本和欧洲等国家和地区已经施行多年。如此看来，各国（地区）制度的设计略有差别，但鼓励创新药研发和产业利益的总体方向是一致的。

除了以上不同国家（地区）对特殊产业采取的措施之外，由于历

---

[1] 参见前文脚注.
[2] 参见前文脚注.
[3] Shapiro C. Navigating the patent thicket：cross licenses, patent pools, and standard setting [J]. Social Science Electronic Publishing, 2001, 21 (1)：119 – 150.
[4] Graham S J H, Harhoff D. Separating patent wheat from chaff：would the US benefit from adopting patent post – grant review? [J]. Research Policy, 2014, 43 (9)：1649 – 1659.
[5] 美国总统奥巴马宣布一系列促进科研成果转化的政策措施 [EB/OL]. （2011 – 10 – 12）[2020 – 04 – 01］. http://www.most.gov.vn/gnwkjdt/201110/t2011011_90204.htm.

史、产业结构、国际贸易、比较优势等种种原因,不同国家(地区)在不同产业中享有不同的优势,这也体现在 PCT 申请量和行业差别上。根据 WIPO 的数据,2019 年中国首次超越美国,成为全球提交 PCT 申请最多的国家。其他排名较为靠前的国家依次是美国、日本、德国和韩国❶。依据前五位国家提交的专利和实用新型数据,按照其在不同行业提交的数量分别对不同国家申请数量的前三类产业进行整理(见表 5-5),可见不同国家专利研发的侧重倾向不同,研发重点和擅长领域不同。其中,中国和美国相对较为接近,日本和德国相对较为接近。不过需要注意的是,美国专利申请数量居第二位的医疗技术占比高达 10.9%,而中国在相关产业的专利申请并不突出❷。以上差异与美国现有的关于生物医药和医疗技术的相关制度和政策较完善有关,除了国家层面制度因素之外,产业领域的制度也可以起到引导作用,一国的产业制度与一国相关战略的实施、经济发展及就业和国际竞争力息息相关。

表 5-5 2019 年五国 PCT 申请情况

国家 排名	中国	美国	日本	德国	韩国
1	数字通信	计算机技术	电机、设备、能源	运输	数字通信
2	计算机技术	医疗技术	计算机技术	电机、设备、能源	电机、设备、能源
3	视听技术	数字通信	运输	机械元件	计算机技术

一些已经形成知识产权密集型产业优势地位的发达国家的经验也可以引以为鉴,新的国际分工体系迫使越来越多发达国家的跨国公司放弃没有低成本劳动力优势的制造环节,而将资源集中在"研发"

---

❶ 中国 PCT 申请超越美国:https://www.wipo.int/pressroom/zh/articles/2020/article_0005.html.

❷ 五国 PCT 前三领域:https://www.wipo.int/edocs/infogdocs/en/ipfactsandfigures2019/.

"营销"环节及其组合上,呈现出典型的"哑铃"形结构❶。美国将知识产权密集型产业作为国家发展的主要动力,将劳动力密集型等制造业产业转移到他国,这是经济全球化产业布局中不可缺少的一环。但这种趋势或多或少打破了一个国家产业分布的平衡,在专利过热的时期或许能够为美国谋取大量的利益,一旦这个时期过去,当专利这一制度已经不能适应新的经济发展形势而出现了更为公平和更少垄断的制度,那么只保有知识产权密集型产业对美国来说或许就成了致命的弱点。学者 Bessen 和 Meurer 在《专利失灵》一书中将其对专利制度不满的矛头直指电子与信息通信技术产业,并对专利制度的有效性提出了质疑❷。而所有投身到这股全球性创新竞争洪流中的企业,都无一例外地对专利制度表现出扭曲的热情。此外,专利诉讼也已经形成了一定的范式:起诉—应诉—反诉/专利无效❸,几乎所有的专利诉讼都是以这样的模式来推进的,整个专利体系在发展中已经出现了僵化的苗头。专利制度最终能够走多远是难以预料的,但可以确定的是,企业发展不能只依赖专利军备竞赛,当所有的国家、所有的企业都振奋起来簇拥着走同一条路的时候,这条路带来的就不只是远方而是危险了。所以美国过分依赖专利的态度和这一制度本身的长久性和有效性也是国家发展不得不考虑的环节,是过分抢占先机还是适当调整战略,也是美国知识产权制度发展中不得不面临的问题。

在知识产权保护方面,韩国政府每年都会投入超过 10 亿美元建设法律援助公司,为专利密集型企业提供专利保护法援助,主要措施包括简化各类专利审批手续、组织法律专业人士为企业提供指导建议、协助确定企业市场方向、促进企业自主科技研发,以及直接促进专利密集型企业的海外维权活动。日本政府对于专利密集型企业的法

---

❶ 卢胜,刘林青. 全球外包体系下的知识产权与国家竞争优势 [J]. 知识产权,2008 (3): 31 - 35.

❷ Bessen J, Meurer M. Patent Failure: How Judges, Bureaucrats, and Lawyers Put Innovators at Risk [M]. NJ: Princeton University Press, 2008: 89 - 90.

❸ 詹爱岚,曹耀艳. 全球创新竞争下的中国专利激增:企业战略视角的思考 [J]. 情报杂志,2013, 32 (8): 190 - 196.

律援助更加重视,在日本国内设立了贸易振兴机构,其国外的分支机构知识产权部主要负责针对日本的海外企业进行知识产权保护,工作内容包括调查所在国知识产权法律及相关事务,促进协调协助维权,为企业提供知识产权诉讼信息等。对于中小型企业,日本政府还特别推出了快速审查服务以及快速上诉审查服务,以切实推进科技中小型企业的快速发展[1]。美国加强知识产权保护的立法规定,主要体现在以下三个方面:一是根据国家利益和美国企业的竞争需要,对专利法、版权法、商标法等传统知识产权立法不断地修改与完善,扩大保护范围,加强保护力度;二是国家加强调整知识产权利益关系、在鼓励转化创新方面加强立法,自1980年《拜杜法案》到1986年《联邦技术转移法》,1999年美国国会又通过了《美国发明家保护法令》,使美国大学、国家实验室在申请专利、加速产学研结合及创办高新技术企业方面发挥更大的作用;三是在国际贸易中,一方面通过其综合贸易法案的"特殊301条款"对竞争对手予以打压,另一方面积极推动WTO知识产权协议的达成,从而形成了一整套有利于美国的规则[2]。其中,在对整个知识产权立法体系的构建中,美国主要体现的趋势就是从民法保护向民刑共同保护的方向发展。知识产权在诞生之初,完全属于民事法律的组成部分,对于侵犯知识产权的行为,也只能按照侵权或违约来追究责任。随着知识产权保护对品牌发展的重要性逐步增加,知识产权侵权行为对企业的经济损失逐步扩大,比较严重的侵权行为就被纳入刑法的框架中。

在税收方面,许多欧洲国家,如英国、法国、比利时、匈牙利、爱尔兰、西班牙、卢森堡、荷兰等国家均通过出台"专利盒"(Patent Box)制度等税收优惠政策,激励企业创新并且保留和商业化现有专利。以英国为例,"专利盒"制度允许企业选择对符合制度要求的"合格专利"所获得的商业利润仅缴纳10%的税,该制度尤其惠及专

---

[1] 张冬,李颖超. 我国专利密集型产业专利风险防控问题研究 [J]. 科技与法律,2019 (3):10-18.

[2] 杨起全,昌力之. 美国知识产权战略研究及其启示 [J]. 中国科技论坛,2004,3 (2):102-105,126.

利产品收入占其总收入较高的（60%~70%）制药、生命科学、制造和电子产业❶。不过该制度施行过程中需要注意避免沦为跨国公司避税的产物，为避免损害税基，OECD/G20 发起应对税基侵蚀与利润转移（Base Erosion and Profit Shifting，BEPS）行动，并于 2015 年发布应对 BEPS 的第 5 项行动最终报告（简称《2015 年最终报告》）规定税收优惠待遇的授予应当以落实"实质性活动标准"为前提，并以"关联法"（Nexus Approach）判断企业是否存在相关的实质性经济活动❷。

在知识产权运用方面，欧盟及其成员方通过科技创新政策、战略和法律等手段促进创新和技术转化。首先，欧盟层面上制定了一系列促进科技创新政策与科技成果转化的区域性政策。如 1984 年开始的"欧盟科技框架计划"（Framework Programme，FP）已经连续实施七期；第八期转为"地平线 2020 计划"。其次，欧盟各成员方也有其独立的科技创新和专利技术转化法律政策。如英国 2004 年制定的《科学与创新投入框架（2004—2014 年）》，2006 年的《10 年框架：下一步工作》，以及 2016 年《高等教育和研究法案》设立新的"英国研究与创新署"❸，对科技创新和技术转化给予了高度重视和支持。2009 年 7 月，法国高等教育与研究部制定了《国家研究与创新战略》；2006 年颁布《新科研指导法》，2007 年颁布《大学自由与责任法》，并于 2012 年进行了修订，其核心是推进科研体系的重组、增强科研创新和技术转化能力。2006 年 4 月，法国通过《科研指导法》。2013 年 7 月，法国正式实施《高教与研究指导法案》❹。德国注重持续出台创新战略推动国家科技创新发展，2006 年德国制定出台《德国高技术战略》，2010 年发布《思想·创新·增长——德国 2020 高技术战

---

❶ 国家知识产权局. 英公布有关"专利盒"立法草案 [EB/OL]. [2020-07-11]. http://www.sipo.gov.cn/zfwq/wqyzgndt/1073776.htm.

❷ 李乔彧. BEPS 背景下"专利盒"税制的跨国协调：国际标准与中国应对 [J]. 税务与经济，2017（4）：79-86.

❸ 张翼燕. 脱欧后英国的科技与创新政策动向 [J]. 全球科技经济瞭望，2017（1）：2.

❹ 陈晓怡. 法国科技政策发展态势（上）[J]. 科技政策与发展战略，2014：30-32.

略》,2014年又推出《新的高技术战略——创新为德国》。近年来,由于注重创新资源的增加,奥地利经济增长强劲,GDP跃升至欧盟国家第四位和经合组织(OECD)国家第八位。一直以来奥地利政府在研发投入方面表现突出,2016年奥地利研发投入占GDP的比例为3.1%,居欧盟第二位,是欧盟和世界上较具代表性的研发密集型国家之一。不过奥地利仍然存在研发投资转化效率不高、高科技产业占比较低、大型研发企业缺乏和高端人才不足等问题,为更好地应对工业4.0和数字化转型等挑战,经合组织2019年1月11日发布的《经合组织创新政策评论:奥地利2018》,通过实证研究对奥地利创新体系进行评估并提出制度和政策方面的改进建议。其中包括认为奥地利应在科技创新领域积极调整相应政策和治理手段,吸引高水平科研人员,为创新型企业提供有利的发展环境,研发机构在寻求资金支持的过程中还需注重对知识产权的管理和使用,既可以将知识产权作为竞争力的来源,又可以将知识产权作为筹集资金的手段❶。

综上所述,影响产业系统发展的众多要素中,制度常起到重要作用,尤其在与专利制度或者知识产权关联密切的专利密集型产业,现有制度对不同类型的产业系统将会产生不一样的影响。一个国家当前某产业占据主导地位,可能是由于该国现有制度更适合这类产业的发展,一国某产业较为落后也可能是由于受限于该国的现有制度。

第二节 省市层面

一、存在区域差异

我国地大物博,不同地域的创新能力存在差异性。中国科技发展战略小组发布的《中国区域创新能力评价报告2019》,对我国不同省级地区的创新能力进行排名。广东连续三年蝉联首位,自2015年起,

---

❶ OECD. OECD Reviews of Innovation Policy [EB/OL]. [2020-07-11]. http://www.oecd.org/sti/inno/oecd-reviews-of-innovation-policy.htm.

广东的创新能力提速始终全国领先。前 10 位中的其余省市分别是北京、江苏、上海、浙江、山东、重庆、湖北、天津和安徽。以人均投入和人均产出为测度的综合效率指标排名，前 5 位依次是北京、上海、天津、广东和江苏，凸显出直辖市在创新效率上的优势。报告还显示，2017 年我国 27 个地区的政府和多数企业研发投入都有所增加，政府研发投入居前 5 位的省市分别是北京、上海、四川、广东和陕西。从 2017 年发明专利授权数量来看，23 个地区的授权数得到提升，发明专利授权数居前 5 位的地区分别是北京、广东、江苏、浙江和上海。各地区国内论文数量排名分别为北京、江苏、上海、广东和陕西，国际论文数量排名分别是北京、江苏、上海、陕西和广东。规模以上工业企业研发经费内部支出额排名为广东、江苏、山东、浙江和上海，这五个省市企业研发费用投入总和占全国的 56.88%。2017 年，规模以上工业企业新产品销售额排名为广东、江苏、浙江、山东和上海。教育经费支出排名前 5 位的是广东、江苏、山东、浙江和河南。高技术企业数排名前 5 位的是广东、江苏、浙江、山东和安徽。第三产业增加值占 GDP 比重居前 5 位的是北京、上海、天津、海南和黑龙江❶。从上述 11 个不同的计算尺度排名前 5 位的地区上榜频数来看，浙江上榜 6 次，北京上榜 7 次，江苏上榜 9 次，上海上榜 9 次，广东上榜 10 次。可见，我国东西地区和南北地区在创新能力上存在差距，以广东、江苏、浙江为代表的东部沿海地区省份和北京、上海等特大发达城市在综合创新实力上遥遥领先，并且在创新的多个过程和阶段中均表现良好。重庆、陕西等西部地区也在不断提升区域内创新能力，缩小与其他省份的差距，不过总体上我国的创新建设依然需要协调发展，现有差距的事实也体现出我国专利密集型产业的相关制度建设应当区分不同创新发展能力的地区，有针对性地出台适合本区域的制度和政策。此外，当前我国大体上已经出现多个创新集聚区，例如京津冀、长三角和珠三角创新集聚区以及成渝经济

---

❶ 科技部. 中国区域创新能力评价报告 2019 [EB/OL]. [2020-07-08]. http://www.most.gov.cn/cxdc/cxdcpjbg/202002/P020200218406841566521.pdf.

带等，这些地域性的集聚区各具特点，都充分发挥了本地区的独特优势，建立了地区性的创新体系，见表5-6。参考不同地区的创新发展程度和特色，可以为我国专利密集型产业制度建设指引因地制宜的大方向。

表5-6 我国创新集聚区的特点和优势

创新集聚地区	地区特点	显现优势
京津冀	科研机构和高校云集	知识创造能力较强
长三角	外贸经济发达，城市群基础和产业体系完善	知识获取能力和制造能力较强
珠三角	电子信息产业基础雄厚，产业链齐全	产业技术创新能力强
成渝经济带	人口密集，用户群体活跃	国防科技工业和装备制造业

二、明确培育主体

从专利密集型产业培育主体来看，有些城市（如苏州、泉州）的培育主体（不完全统计）主要聚焦企业层面，事实上，应是以往知识产权示范企业、优势企业政策的延续；有些省（区）将培育主体拓展至产业园区、产业集聚区、产业知识产权联盟，如湖南、广西；还有些省市将培育主体延伸至科研院所、知识产权服务机构，如江苏省、西安市、成都市。总的来说，支持政策从扶持主体角度可以综述为：以企业为中心，以产业园区、产业集聚区、产业集群、产业知识产权联盟、产业技术研究院为外围，以知识产权服务机构、知识产权交易服务中心、高校等科研院所为支撑的全方位支撑体系。因此，知识产权密集型产业不能仅仅局限于优势企业或产业上，还应当以带动全产业、知识产权公共政策、知识产权行政管理、知识产权服务业共同发展为目标，从而形成以知识产权政策促进产业发展，以产业进步带动知识产权事业的互益生态体系，具体情况参见表5-7。

表 5-7 主要地区知识产权密集型产业培育一览

地区	主要产业	知识产权创造	知识产权运用	知识产权管理	知识产权服务	涉及培育主体	主要措施
陕西	2017年培育新能源汽车、光电信息等12个产业；2018年新增4个产业，至16个产业					产业	陕西省知识产权集密型产业服务联盟
湖南	到2020年，实现专利年申请量超过100件的企业达到100家，建设3~5个知识产权集密型产业集聚区	重点推动知识产权集密型企业的增量提质，通过大力培育知识产权集密型企业，推动企业向产业链中高端延伸、形成一批高价值专利和行业标准	促进成果转移转化，打造知识产权集密型产业联盟	将建立知识产权集密型产业培育机制。包括促进湖南省知识产权集密型产业培育管理办法；组织实施考核、评估、跟踪推进机制的工作导向；研究确立知识产权集密型产业统计指标、数据源和统计方法，探索知识产权集密型产业集聚区统计监测评价制度，结合湖南产业发展现状和质量以及专利领域对重点培育领域进行动态调整		企业；产业集聚区；科研院所；产业知识产权联盟	2017年印发《湖南省知识产权集密型产业培育工作方案》，每年遴选20家左右的企业以项目形式予以引导及支持，或对项目形成质量较好的专利纳入重点发明专利库，予以专利年费资助。以高新区、经济开发区为依托，通过建立专利导航产业发展和产业竞争格局，运用专利信息资源和市场手段，指导园区产业优势地位，对于具有产业优势明显、自主创新能力和基础较好的园区科研院所，每年遴选1~2家以项目形式给予引导和支持。每年遴选2~3家并以项目方式对推荐的知识产权联盟发起成员单位给予引导和支持

续表

地区	主要产业	知识产权创造	知识产权运用	知识产权管理	知识产权服务	涉及培育主体	主要措施
广西		高价值专利培育			以高新园区、工业开发区、经济区为依托，围绕优先发展的产业领域，打造特色鲜明的园区知识产权工作体系和专利服务平台	规模以上企业、小微企业、产业园区	专利密集型企业认定
江苏		实施高价值专利培育计划，围绕战略性新兴产业，以企业重点实验室（技术）中心等重大创新载体为主体，支持建设一批高价值专利培育示范中心，创造一批支撑产业发展的高价值专利	积极推进面向企业的知识产权保险、托管、质押贷款等工作。苏州、镇江等多个城市列入国家知识产权相关试点	推行企业知识产权管理规范，推动企业实施知识产权战略	知识产权导航、知识产权预警	知识产权产业集群，企业、高校、服务机构和行业协会，知识产权研究院，知识产权技术服务平台，交易服务平台	发布年度《江苏省知识产权密集型产业统计分析报告》；江苏省市两级财政累计投入扶持资金近2亿元，推进1000余家企业实施知识产权战略推进计划

续表

地区	主要产业	知识产权创造	知识产权运用	知识产权管理	知识产权服务	涉及培育主体	主要措施
西安市	2017年，以能源装备与节能环保产业作为试点，将选择八大重点产业开展知识产权工作首批优选61家重点企业进行培育	开展产业发展状况调查，明确产业技术竞争情况、机遇和风险，创新能力，帮助骨干企业改善知识产权管理，推动企业技术进步	针对西安大专院校、科研院所拥有的专利进行盘点、分类和分级，助力一批有商业前景和市场价值的专利转移转化；根据专利价值评估模型，鼓励知识产权服务机构与企业探索技术交易、专利质押和专利运营模式	帮助骨干企业改善知识产权管理	各服务机构满足三个主体的需求，即通过对专利、产业数据的挖掘和与国内外产业的比较分析，为政府、项目专家、企业提出政策性建议	开发区、特色园区、产业基地，企业、知识产权服务机构	政府将采取财政支持的方式，专利云托管模式

165

续表

地区	主要产业	知识产权创造	知识产权运用	知识产权管理	知识产权服务	涉及培育主体	主要措施
成都市	五大未来产业领域、五大支柱产业领域和五大优势产业领域		支持知识产权运营机构和企业开展专利托管、收购、高价值专利池布局、转化、交易，实现知识产权市场价值			新型产业技术研究院、骨干龙头企业、知识产权服务机构	将利用中央财政和地方财政1亿元引导资金，设立20亿元成都知识产权运营基金

续表

地区	主要产业	知识产权创造	知识产权运用	知识产权管理	知识产权服务	涉及培育主体	主要措施
长沙市	专利密集型企业和版权密集型企业，前者包括新一代信息技术、高端装备制造、新材料、生物与新医药、新能源、节能环保、文化创意、现代农业中的企业；后者包括出版、电影与视频制作、录音、电视与广播、专业、文艺创作与表演和其他信息服务（新闻集团和互联网）等九大类行业中的企业					企业	市知识产权局和市财政局共同颁布《长沙市知识产权密集型企业培育管理办法》，每年遴选10~30家专利密集型企业、5~15家版权密集型企业

续表

地区	主要产业	知识产权创造	知识产权运用	知识产权管理	知识产权服务	涉及培育主体	主要措施
苏州市、泉州市						企业	年度知识产权密集型企业培育计划，财政支持
沈阳市				加速中国（沈阳）知识产权保护中心建设，开展专利预警分析和行业知识产权维权	构建"一站式"知识产权服务体系	企业	知识产权强企工程、专利产业化工程、专利导航工程，支持企业进行技术创新

从主要政策措施来看，主要有三个层面：第一个层面是推进专利密集型产业的目录研究，统一专利密集型产业的界定标准，出台相关办法，探索以市场为主导的培育模式，为专利密集型产业发展提供支撑。这包括三个方面：一是专利密集型产业的理论和概念界定；二是专项统计制度，研究知识产权密集型产业的统计指标、数据来源和统计方法，建立统计监测动态评价制度，定期进行调整；三是分类指导，针对专利密集型、商标密集型、版权密集型产业的不同特点制定不同的发展重点。第二个层面是专门针对专利密集型产业制定有关的政策支撑，据不完全统计，目前主要的政策为财政支撑：一是产业知识产权运营基金，如北京市、上海市重点产业知识产权运营基金，但产业知识产权运营基金不是仅仅依靠一家机构来开展工作的，还需要整合一些有共同目标的金融机构、担保机构、评估机构、企业来共同运营；二是专利（知识产权）密集型企业（产业）培育基金，入选企业或产业可以得到政府的扶持基金。第三个层面是包含专利（知识产权）密集型产业在内的普惠性知识产权政策。一是着力提升知识产权创造能力，提高知识产权密度。大力推动创新要素向企业集聚，支持企业加强知识产权信息利用，建立知识产权管理全程参与的创新机制，促进高质量专利产出。鼓励企业完善职务发明奖励和报酬制度，采取多种方式激发研发人员创新积极性。实施高价值专利培育计划，重点围绕战略性新兴产业，支持建设一批高价值专利培育示范中心，创造一批支撑产业发展的高价值专利。二是着力提升知识产权运用能力，加快实现创新价值。积极发展知识产权市场，完善市场机制，丰富市场载体，建设区域知识产权交易服务中心，打造以知识产权展示交易为核心、线上与线下相结合的一站式交易服务平台，促进知识产权流动转化。探索以交易服务平台为支撑、多个社会化运营机构并行发展的知识产权运营体系，加快实现知识产权市场价值。同时拓展知识产权投融资渠道。三是着力提升知识产权保护能力，营造良好社会环境。健全知识产权保护体制机制，探索建立集中、统一、高效的知识产权执法机制。持续深入开展知识产权执法维权护航行动，形成尊重和保护知识产权的社会氛围。四是着力提升知识产权服务能力，形成有力支撑。积极完善公共服务,大力发展社会化服务。五是着力提升知识产权人才培养能力,提供强大人才支持。实施"百千万"知识产权人才培养工程,重点培养企业知识产权总监和工程师、知识产权服务人才、知识产权管理和执法人才,努力造就具有国际视野的知识产权领军人才。强化人才培养载体建设,扎实推进地方高校、知识产权学院等人才培养基地建设,鼓励高校建设知识产权学院、设立知识产权专业、推进知识产权学历教育,努力建设高水平的知识产权研究和人才培养基地,打造知识产权人才密集区,为创新发展提供人才支持。

总的来说,我国现有制度还存在着不足和完善:①部分制度较为原则和一般化,对具体情境下不同地区和不同产业的针对性不足。②大部分政策和部门工作文件的效力较低,建议可以从更高效力制度的角度进行完善。③不同部门的统计监测和评价选取的统计标准存在差异,例如有关国家高新区创新资源集聚的评价中,体现科技创新经费中企业投入的计算方式是企业 R&D 投入占增加值的比例,而在《知识产权(专利)密集型产业统计分类(2019)》中,R&D 投入强度是指企业 R&D 经费支出与主营业务收入之比,这给指标的后续统计、连续监测和国际对比带来了一定的难度。

第三节　产业层面

本节主要通过两个代表性产业(高铁产业和汽车产业)的案例研究,来描述在我国的具体情境下典型产业的发展历史和创新能力的进展,希望能总结出相关经验和教训,归纳出我国产业从非专利密集型产业演进成专利密集型产业的规律。

一、典型案例

(一)高铁产业

1. 产业概况

高速铁路的概念最早产生于 1985 年联合国欧洲经济委员会的规

定，客运专线时速超过300公里、客货混线时速超过250公里的为高速铁路，简称高铁。欧盟、国际铁路联盟也对高铁制定了相关标准。2014年我国颁布实施的《铁路安全管理条例》规定，高速铁路是指设计开行时速250公里及以上（含预留），并且初期运营时速200公里以上的客运列车专线铁路。在运行中，时速在200~250公里的为动车，以D开头；时速在300公里以上的为高铁，以G开头。

中国的高速铁路真正发展是在2004年，当年通过了中国第一个《中长期铁路网规划》，2007年的《综合交通网中长期发展规划》和2008年的《中长期铁路网规划（2008年调整）》都在国家层面上提出了新的调整。这三份规划完整勾勒了2020年前我国的铁路网，指出到2020年全国铁路营业里程达到12万公里，提出了在繁忙干线上货车和客车分线，提高运输能力和装备水平；在省会及大中城市间建立快速客运通道，并成立环渤海地区、长江三角洲地区、珠江三角洲地区三个城际快速客运系统，提高客运专线的里程等。

中国的高速铁路发展之初就提出了首先通过引进国外先进技术，再由国内企业的自主创新提升创新水平，发展本国高速铁路的设想。2004年4月，国务院在铁路机车车辆装备研究会上，明确"引进先进技术、联合设计生产、打造中国品牌"原则及重点扶持六家国内机车车辆生产企业，同时在合作上采取引进少量原装、国内散件组装和国内生产的运作模式。同年7月，国家发改委与铁道部联合发布《大功率交流传动电力机车技术引进与国产化实施方案》和《时速200公里及以上动车组技术引进与国产化实施方案》。

以技术引进为先导、国内吸收为支撑的高速铁路规划初步形成。中国铁道部向唐山机车车辆厂和德国西门子公司采购60列时速300公里动车组，西门子与唐山机车厂联合生产高速列车，西门子公司将时速300公里动车组列车的设计制造技术转让给唐山机车厂。2005年11月，中国和德国签署了采购合同和技术转让协议，动车组均使用中国品牌。瞄准世界一流技术水平的中国铁路，从法国、德国、日本、加拿大等国家引进先进技术，加强消化吸收再创新，经过不断的努力和突破,中国掌握动车组的总成、车身、转向架、牵引系统等多项关键技术,实现关键设备的国产化,中国的企业已经能够制造达到一定世界先进水平和设计要求的动车组。

2010年年底,中国政府将高速铁路列为战略性新兴产业,政府在资金、土地、技术等方面给予了大力支持。2013—2017年,中国高铁运营里程增加12000公里,超过其他国家新增高铁的总和。当前,拥有铁路的国家和地区中有83%运行着中国的机车产品❶。

2. 发展阶段

2008年5月28日,铁道部制定并印发了《和谐型9600kW大功率交流传动货运电力机车总体技术方案》,明确提出自主创新的机车要确保安全可靠;在节能减排、环保材料使用、对外部环境影响等方面不但要达到国际先进标准,还要求制造厂家在实现自身发展的同时,推动国内相关产业链的发展。在技术创新的各项指标上,设计制造出世界一流水平的机车,形成我国铁路重载货运电力机车的技术标准体系。由于高铁是资本密集型和技术密集型产业,中国高铁产业走的是资本密集型产业→技术密集型产业→专利密集型产业的先购买技术、再自主创新的道路。

第一阶段,高铁产业成为资本密集型产业。在我国高铁快速发展的背后,国家不断加大对铁路建设的投资额度,如表5-8所示,我国用于铁路运输的财政支出2010年为403.96亿元,2012年则为883.12亿元,两年翻了一倍,这些支出中75%左右用于铁路路网建设。而同期,全国公共财政的总支出仅增长了40%,因此从铁路支出可以看出国家对铁路建设的支持,为铁路成为资本密集型产业提供了财政基础。

---

❶ 拥有完全自主知识产权,中国高铁开始"复兴"之路 [EB/OL]. [2019-02-03]. https://www.sohu.com/a/152438007_377746.

表5-8 全国公共财政支出与铁路运输财政支出对比

单位：亿元

年份 \ 指标名称	全国公共财政支出	铁路运输支出	铁路路网建设支出
2010	89874.16	403.96	297.84
2011	109247.79	465.01	336.60
2012	125952.97	883.12	628.41
2013	140212.10	788.89	394.62

中国经济的飞速发展对该产业的资本投入提供了保障。高速铁路起源于日本并在欧美等发达国家流行，1960年日本在发展高铁起步阶段向世界银行贷款8000万美元用于研发，美国1965年首次批准9000万美元进行高铁技术的研发，而此时中国在经济上还不具备发展高铁的基础，1962年中国的GDP仅有1151亿元，外汇储备为8100美元，远远不具备发展动辄上亿美元的投资项目。但是，随着改革开放和加入WTO，中国经济实现了飞速发展，2004年中国的GDP为16万亿元，外汇储备为6099亿美元，与42年前相比有了翻天覆地的变化，因此中国具有了发展高铁技术的资本积累，并且这种积累还在不断增加。铁路产业的发展需要资本支持，资本是购买国外先进技术的重要条件。仅从建设成本上看，1万公里的高铁需要投入3300亿美元，这是一笔庞大的开支，中国的高铁能够取得这样的成就得益于其拥有大量的资本。

第二阶段，高铁产业成为技术密集型产业。中国动车招标始于2004年8月，阿尔斯通公司获得60组高速列车订单，合同总价值6.2亿欧元。在这次合作中，阿尔斯通公司一共有七项高铁关键技术转让给了中方，并且60组机车中的3组由阿尔斯通在意大利组装外，6组由中方根据阿尔斯通提供的散件组装；其余51组通过技术转移，由长春客车厂在国内制造。6.2亿欧元在改革开放之初对于中国来说乃是天文数字，经过改革开放几十年的发展，中国具有了通过购买进行技术升级的条件。

发展中国家的后发优势就体现在能够通过向发达国家学习和引进技术缩短技术创新的时间。中国高铁发展就得益于从国外购买技术，动车 CRH380A（China Railway High - speed）的技术基础是从日本川崎重工进口，比如核心部件 IGBT 芯片，在当时的技术条件下，中国没有自主生产的能力，是通过向国外购买解决的。2008 年，株洲南车时代电气股份有限公司收购了全球著名的芯片生产商——加拿大的 Dynex Power Inc 公司——75% 的股权，进而获取了 IGBT 的制造技术。而根据报道，8 英寸 IGBT 专业芯片线已在该公司建成，也是中国首条 8 英寸水平的生产线，使中国跻身高端 IGBT 芯片生产之列，打破了国外的长期垄断。通过并购，中国高铁产业实现了核心技术从进口向自主生产的转变，从资本密集型产业转向技术密集型产业。

第三阶段，高铁产业成为专利密集型产业。高速铁路的发展经历了三次浪潮，第一次是 20 世纪 60 ~ 90 年代，第二次是 20 世纪 90 年代初到 90 年代末，第三次是 21 世纪初至今。世界上最早的高速铁路是 l964 年日本的新干线，此后法国、德国、英国等大部分欧洲发达国家建立了高速铁路网。中国的高速铁路 2004 年才开始规划，在技术上和上述发达国家有很大的差距。经过 10 年的发展，中国的高铁能够站在世界舞台，并作为国家的优势产业是知识产权要素主导产业升级的一个经典案例。国家知识产权局原局长田力普表示，中国高铁技术在原来技术上大量创新，已成为具有自主知识产权的技术，没有"抄袭"。北京交通大学运输经济理论与政策研究所常务副所长李红昌认为世界上没有一个国家能够 100% 掌握全部的高铁生产技术，中国高铁经过这些年的发展，至少已实现 70% 的国产化率，相关的专利问题也已经解决好。据统计，截至 2017 年 6 月底，中国中车累计提交国内外专利申请 3.2 万件，其中发明专利申请 1.4 万件，占比近 44%。拥有授权专利 2.2 万件，目前有效专利 1.7 万件。中国中车负责人表示，领先的知识产权实力，是打造"复兴号"的坚实基础和强劲动力。目前，中国中车的产品已经输出到全球 102 个国家和地区，知识产权支撑作用明显❶。较之"和谐号"动车组大部分有外国技术

---

❶ 知识产权发力　高铁跑出"中国速度"［EB/OL］.（2017 - 08 - 17）［2020 - 04 - 01］. http: //ip. people. com. cn/n1/2017/0817/c179663 - 29476341. html.

参与或技术引进或联合设计生产的情形不同,"复兴号"是从软件到硬件全部由中国自主设计、制造或选型,拥有完全自主知识产权,是地道的"中国创造"。中国政府也非常重视高铁产业的国外推广,李克强总理多次出访推销中国高铁,泰国、罗马尼亚、英国、美国、俄罗斯、非洲等都有与中国在高铁方面合作的意愿。历经10多年的发展,中国的高铁取得了飞速进步,形成了一个具有国际竞争力的产业。

(二) 汽车产业

1. 发展阶段

由于具有极高的产业关联性,汽车产业在发达国家往往是支柱产业。美国、德国、日本都是世界上主要的汽车生产国和消费国。同时,汽车产业和高铁产业相类似,也是资本密集型和技术密集型产业。发展中国家往往在汽车产业上不具优势。由于汽车产业在国民经济中的特殊性,其在发展过程中受到中央和地方政府的特别"关照"。按照严栾玉(2010)的分析❶,我国汽车产业的发展从政府规制程度大致可以分为政府直接管理、过渡和缓和规制三个阶段。

第一阶段:1949—1978年,政府直接管理阶段。政府通过自上而下的政策命令对汽车产业的发展做出指导,依靠苏联的技术,扶持中型载货车的发展。这一阶段形成了"自给自足"加"企业办社会"体系。汽车产业从无到有发展了起来,并出现了一汽、二汽、上汽、沈汽、川汽等国有汽车制造企业,产品也从载重车向客车等多产品延伸,但整体上从车型到技术与国际相比都比较落后。

第二阶段:1979—2001年,属于过渡阶段。1985年将汽车制造确定为重要的支柱产业,1994年颁布了《汽车工业产业政策》,标志着对汽车产业的干预从直接的行政命令转变为间接的微观指导。另外,该阶段的一个重要特点是加大了与外资合作的力度。1980年左右,中国汽车产业与外资合作,逐渐放弃了本国的自主创新、主要依

---

❶ 严栾玉. 政府规制与汽车产业自主创新——兼论后危机时代中国汽车产业的发展路径 [J]. 江海学刊, 2010 (4): 88-93.

靠引进技术进行国外汽车品牌的组装生产，掀起了一股与外国公司合资、合作的浪潮。这实际上违背了政府试图通过合资的方式以"市场换技术"的初衷，本希望通过引进国外技术消化吸收，形成自己的创新能力，但直到现在都没有实现，可以说合资不但没有引发自主创新，反而挤出自主创新。

第三阶段：2001年至今，进入缓和规制阶段。加入世界贸易组织后，中国的汽车产业受到了空前的压力，同时国内需求不断扩张。政府对汽车产业的管制也逐渐放松，2004年颁布的《汽车工业产业政策》标志着政策的实质性放松。在发展规划、技术政策、结构调整、推入管理、商标品牌、销售网络等多个方面给出了政策方向，提出要推动重组，加大与国外企业的兼并等，提高产业集中度，鼓励集团化发展等措施，期望在2010年前使我国成为世界主要汽车制造国，在满足国内市场需求的同时批量进入国际市场，形成若干驰名汽车品牌。但是，目前仍然没有具有国际竞争力的汽车品牌，中国的汽车自主生产水平还比较低。

经过60多年的发展，中国成为世界最大的汽车消费国和生产国，中国汽车产业虽然取得了一些成就，但是"大而不强"，从技术创新的角度上，其与国外还存在很大差距，中国的汽车产业没有国际领先的核心技术，没有能够在世界立足的知名品牌。2006年，在《国务院关于加快推进产能过剩行业结构调整的通知》中将汽车产业列为产能过剩产业，到2025年，国内汽车产能将超过4500万辆，汽车闲置产能将上升至1000万辆❶。一方面中国有巨大的汽车市场需求，另一方面随着汽车产业利润下滑、库存积压等种种问题的出现，汽车产业存在着大量的产能过剩，中国汽车产业存在明显的产业结构问题，供给结构与需求结构存在错配。从创新体系来看，一个通常的衡量指标是研发投入，中国的汽车研发投入远低于发达国家，2005年我国主要汽车企业的研发投入占当年销售收入的比例是1%~3%，而同期跨国

---

❶ 车企产能现"冰火两重天"，汽车行业产能过剩已成车市发展隐忧？[EB/OL]. (2018-03-07) [2019-02-24]. http://www.sohu.com/a/225076689_126192.

公司的研发投入比例是5%~6%。近年来,中国车企纷纷加大研发投入,2018年上半年,我国规模较大的主流汽车集团中,研发投入占营业收入比例最高的是上汽集团,达到了4.59%,共61.65亿元;比亚迪(包含其在电子、手机部件等业务投入)为37.19亿元,广汽集团为17.07亿元。而欧盟委员会(EU)机构的数据显示,大众集团、戴姆勒、宝马研发投入分别高达131.35亿欧元、87.11亿欧元、61.08亿欧元,研发投入占营业收入比例分别为5.7%、5.3%和6.2%❶。可见,尽管从百分比来说,中国车企有很大的提高,但是从总量上较之国外企业还是有很大的差距。

2. 新能源汽车产业

为了控制环境恶化,也为了更好地促进中国经济的发展,清洁、低污染物排放、可持续的能源越来越受到我国的重视。因此,新能源汽车的开发利用也受到来自包括我国在内的世界各国的普遍欢迎。研发新能源汽车不仅能够缓解化石能源燃烧带来的空气污染、资源耗竭等问题,也是我国经济的新增长点,对提高我国知识产权发展战略有着重要的作用。

近年来,新能源汽车在我国异军突起。我国涉足新能源汽车领域的汽车品牌有比亚迪、北汽福田、荣威、东风、长安、奇瑞等,这些车企不断加大研发投入,专利申请量成倍增长。以比亚迪股份有限公司(简称比亚迪)为例,1995年,比亚迪于深圳注册成立。比亚迪在上海设有先进的研发中心,拥有多人的汽车及零部件研发队伍,每年申请及获得国家研发专利超过500项。2000年12月,比亚迪成为第一个中国锂离子电池供应商。2003年,比亚迪正式涉足汽车制造领域,为了增强企业的综合能力,比亚迪将西安秦川有限公司纳入麾下,将比亚迪汽车品牌打入中国汽车市场。2004年,比亚迪在与日本三洋、索尼公司关于锂电池生产专利的诉讼案中胜诉后,加大了旗下汽车开发的力度。2007年在印度建立分厂;逐步拓展世界各国的市

---

❶ 中国车企研发经费对比,上汽投入是吉利的28倍! [EB/OL]. (2018-09-13) [2019-02-24]. https://www.sohu.com/a/253621035_451594.

场，将自产汽车销往国外，以技术优势推行海外战略。2008年12月15日，比亚迪生产出在世界范围内首款摆脱专业充电站限制的混合动力汽车，并在深圳正式推入市场。通过不懈的努力，比亚迪自主创新研发出"铁电池"储能技术，并独占"铁电池"的专利权技术，不仅带动了中国电池技术的快速突破，也对世界新能源汽车行业的发展起到了良好的推动作用。2009年，比亚迪生产的大巴车投入市场，并成功进入美国、加拿大及南美多个国家和地区。2012年12月推出第二代双模技术的新能源汽车——比亚迪·秦。2015年，比亚迪凭借"混合动力专利"获得中国专利金奖。比亚迪汽车的优势在于电池研发，相较于其他国产企业，其技术能力处于领先水平，在控制系统、动力装置等方面也达到了世界级水准。比亚迪生产的电动大巴车，成功进军匈牙利并建起了第一座电动巴士工厂。比亚迪成功走向世界各国，其背后付出的努力也是有目共睹的。非常值得一提的是，虽然早期比亚迪身陷三洋、索尼、富士康等的专利侵权诉讼中，却能从中吸取经验教训锤炼自身，在2015年一举摘得国内专利奖项的头筹。目前比亚迪全球累计申请专利超过2万件，2016—2018年专利申请量激增。从专利分布的领域来看，比亚迪掌握了电池、电机、电控等新能源汽车全产业链核心技术（见图5-3、图5-4）。

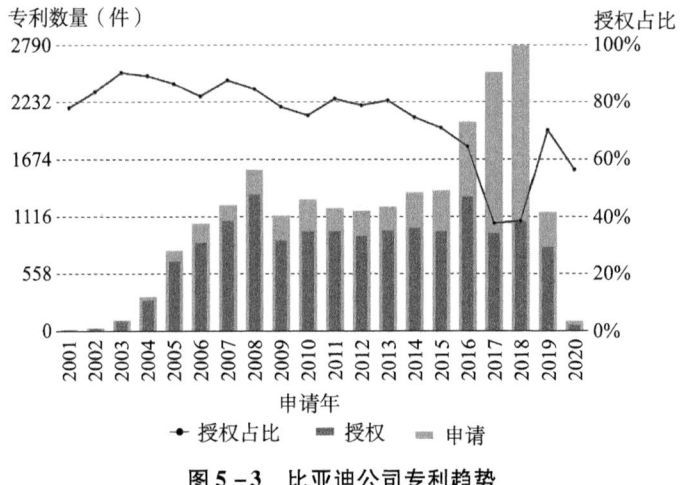

图5-3 比亚迪公司专利趋势

资料来源：《比亚迪公司创新力报告》。

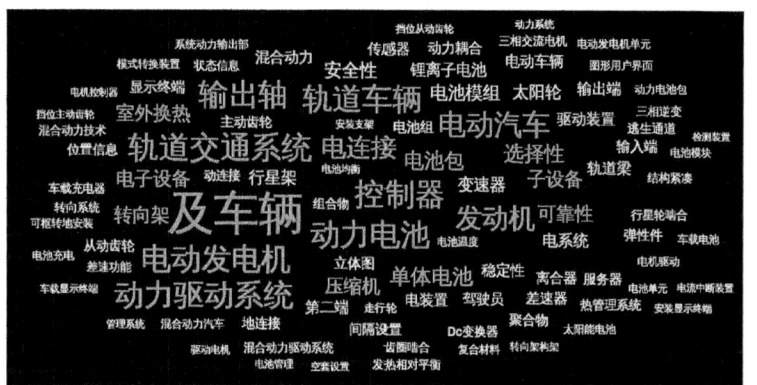

图 5-4　比亚迪公司专利创新词云

资料来源:《比亚迪公司创新力报告》。

习近平总书记强调,发展新能源汽车是我国从汽车大国迈向汽车强国的必由之路。当前,国际新能源汽车产业专利博弈异常激烈,对比新能源汽车强国,我国新能源汽车产业专利后发劣势日益显现,专利短板日渐凸显。全球新能源汽车专利创造和储备情况表明:我国关键核心技术和基础共性技术专利创造和储备与汽车强国差距巨大。储能装置制造是新能源汽车最为关键的核心技术之一,制造强国争相积累和储备专利,截至 2015 年年底,日本 40531 件,我国 14128 件,我国与日本差距巨大。供能装置制造是新能源汽车做大做强的关键核心技术,是汽车强国争相积累和储备专利的重要领域,截至 2015 年年底,日本 21435 件,美国 6393 件,德国 4044 件,我国 3789 件,我国与美、日、德差距明显。汽车零部件配件制造是新能源汽车发展的基础共性技术,是汽车强国争相积累和储备专利的重要基础领域,截至 2015 年年底,日本 32621 件,美国 8111 件,韩国 6072 件,德国 6389 件,我国 4467 件,我国在全球新能源专利五大国中最少。

二、经验与启示

中国汽车产业的发展起步要早于高铁产业。1994 年,我国就颁布了关于汽车产业发展的政策,而对高铁的扶持政策从 2004 年才开始。中国是世界第一人口大国,对铁路运输和公路运输都有巨大的需求,但先行发展的汽车产业在产业优势上并没有超越高铁，关键在于没有使知识产权生产要素演变为主导产业发展的重要因素，忽视了本土知识产权要素的培育。这体现在以下方面：

第一，注重资本引进，忽视技术与自主创新。中国汽车产业在1986年被确定为国家支柱产业后，其发展面临着缺资金、缺技术的困境，解决这一难题的出路就是引进外资。中国吸引跨国公司合作的模式是合资，一大批合资汽车公司纷纷成立。但是中国在引进外资的同时，并没有重视对技术的引进。外资在中国汽车行业的投资方式包括中外合作、中外合资和外商独资三种，其中中外合资占到了90%。外资进入无疑推动了整个汽车产业的发展。中国的产销量大幅上升，从1955年的年产61辆，上升到2013年的2901.54万辆，但是核心技术的进步却远远落后于市场的发展。这种合资模式使汽车企业形成了纯粹控股模式，在"做大做强"的口号下，这种合资的大集团往往由不同的跨国公司参股，原有企业公司发展越大，合资越多，越无法顾及自主创新，进而形成了纯粹控股型的企业集团。

因此，外资为中国汽车产业的发展做出了贡献，在经济总量上升的过程中，人均收入也在不断提高。我国汽车产业从一穷二白的状态首先演化为资本密集型产业，但是由于汽车产业在研发投入上不够，没有掌握外资的核心技术，最终中国给出了市场却没有换回技术。在合资过程中，我国汽车产业尤其是轿车的技术控制权都被跨国公司所掌握，没有形成创新能力，始终停留在"引进—模仿—再引进"的发展模式中，忽视对核心技术的引进和自主创新使中国成为汽车的组装厂而不是生产厂。

第二，注重合资合作，忽视本土品牌的培养。中国汽车产业的发展和高铁相比，在品牌上也有差异。高铁是通过购买获得技术，同时也保持中国高速铁路的自有品牌，而国内汽车企业和跨国汽车公司合资后虽然保持了中国汽车公司在合资企业的命名和股权上的优势，但是商标仍然使用外资公司的标志。这使中国自有品牌的发展举步维艰，民营汽车品牌更是屈指可数。本土品牌发展滞后，甚至远远落后于和我国几乎同时起步的韩国和日本的汽车产业。在中国汽车产业50多年的发展过程中,只有奇瑞、吉利、中华、比亚迪等民族品牌在2000年以后才崭露头角。中国汽车品牌可以根据品牌的所有权结构分为三个阶段:第一阶段是20世纪80年代前,属于独立国有品牌阶段;第二阶段是1981—2000年,属于合资品牌阶段;第三阶段是2001年至今,国有、合资、进口品牌的混合阶段。在最关键的第二个阶段,忽视了对国有品牌的培养是当前国内汽车产业格局中国产汽车处于弱势的一个重要原因。

第三,重视市场体系建设,忽视创新体系的建立。创新体系是一个国家技术创新层出不穷的基础,只有形成体系,自主创新才能长久发展。跨国公司与中国公司合资经常使用关键技术来抓住主动权,而中国公司则局限于制造。随着汽车技术的发展,研发创新的投入越来越大。庞大的研发支出,对于相对弱小的中国车企来说难以承担。自主创新体系是一个国家技术进步的重要基础,本质上来说,它可以促进知识产权等创新要素和其他生产要素的有机结合。自主创新体系包括企业、高校、科研机构等多个方面,例如,以企业为主体的产学研结合的技术创新体系,以科研机构和高校为主体的科学创新体系;科学技术创新体系,以军民结合、协同配合的科技创新体系;以中介服务系统和科技平台为主体的共享体系以及提高自主创新能力的政策法规。而汽车产业中自主创新体系较为缺乏。

第四,在有能力进行突破的分产业领域,需要抢抓全球产业变革机遇,积极开展专利国际战略和核心技术专利布局,使细分产业真正转变成为专利密集型产业。我国新能源汽车产业发展前景广阔,未来也极有可能演变为我国自主创新的知识产权密集型产业,但专利战略仍需进一步明晰。虽然近几年,汽车专利申请呈现上升趋势,但汽车强国国际专利布局动向表明,我国新能源汽车国际专利布局严重滞后,截至2015年年底,在美国布局784件,占美国商标专利局专利申请总量的1.74%;在欧洲布局280件,占欧洲专利局专利申请总量的1.62%;在日本布局236件,占日本特许厅专利申请总量的

0.25%；在韩国布局 112 件，占韩国知识产权局专利申请总量的 0.53%❶。在全球五大新能源汽车专利申请国家或地区中，我国国际专利布局规模和布局强度均为最弱，与日、美、韩等汽车强国相比，差距巨大，参与国际竞争面临多重专利壁垒，短板明显。相较于其他国家，我国在新能源汽车专利申请方面技术能力不足，不足以支撑新能源汽车产业的发展，同时也会带来在同一领域重复研究、申请的不利影响，导致人财物的浪费。在新能源汽车的发明专利申请方面，发明专利的比重占专利申请的一半左右，例如，比亚迪企业的专利申请大部分是在实用新型专利方面。实用新型专利能发挥的作用是有限的，不像发明专利那样具有稳定的性能和集中的技术。产业发展靠的是技术，专利虽然不能完全反映一个企业的技术水平，但也可以从一个侧面说明这个企业的技术成熟度不足。这是我国新能源企业的短板，需要在今后的发展中不断强化。

第五，重视专利与产业标准制定的融合。我国在知识产权领域属于后进性的国家，虽然起步比较晚但发展势头强劲，也取得了一系列有效成果。研究国外新能源汽车专利发展的态势可以看出，它们不单单拘泥于专利的申请和研发，已经开始将发展目标转向标准制定。这种做法的优势就是将标准技术与专利手段相结合，形成新的技术垄断壁垒，在有效抑制竞争的基础上发展本国产业。在电动车行业、整车技术以及电池等方面制定了较为完善的国际化标准。美国新能源汽车品牌特斯拉开放专利技术，称对善意使用特斯拉专利的企业不会进行侵权诉讼，特斯拉的这一做法明显有将世界新能源汽车产业拉入统一标准阵营的趋势，是值得我们思考的问题。我国新能源汽车行业的标准优势在于锂电池方面，抢先在国际上形成了锂电池相关标准建设。但其他标准就处于弱势地位，重视专利的标准化制定工作，是我国新能源汽车行业的前进方向。避免再一次因为标准必要专利而陷入争讼之中，这也是我国无线电通信行业给我们带来的经验教训。在新能源

---

❶ 张义忠. 布局严重滞后我国新能源汽车专利短板急需补齐［N］. 中国工业报，2017－06－03.

汽车领域，应进一步科学规划、合理设计我国新能源汽车专利国际布局技术主题、目标区域和布局力度，面向重点领域、关键环节开展关键核心技术布局，面向产业技术基础开展关键共性技术专利布局，面向目标市场，鼓励和支持龙头骨干企业围绕主导产品竞争需要，前瞻开展专利国际布局。支持国家和省级制造业创新中心开放创新，通过国际合作研发在新能源汽车产业链的薄弱环节或竞争制高点前瞻开展专利国际布局。组织专业力量及时跟踪和研究竞争对手国际专利布局，指导我国新能源汽车领军企业有选择地申请、引进核心技术专利，有的放矢开展专利国际布局。

第六章　专利密集型产业政策发展与展望

在某一领域谈"展望",有许多困难,特别是在发展极快的知识产权领域,尤其困难[1]。在经济增长从"要素驱动""投资驱动"向"创新驱动"转变的过程中,知识产权制度及受知识制度保护的知识产权要素起到越来越重要的作用,中国的经济增长模式已经进入转型期,新的经济发展模式需要通过创新和技术进步来提高生产率。党的十九大报告指出,"我国经济已由高速增长阶段转向高质量发展阶段,正处在转变发展方式、优化经济结构、转换增长动力的攻关期,建设现代化经济体系是跨越关口的迫切要求和我国发展的战略目标"。2017 年中央经济工作会议指出,推动经济高质量发展是当前和今后一个时期确定发展思路、制定经济政策、实施宏观调控的根本要求。同样,经济高质量发展需要专利密集型产业的高质量发展,相应的政策建议将从国家层面、省市层面和产业层面三个方面展开。

第一节　国家层面

一、完善顶层设计

专利密集型产业既是最依赖知识产权制度发展的产业,其发展情况又检验着知识产权制度的合理性。党的十九大报告指出,我国经济已由高速增长阶段转向高质量发展阶段。2018 年中央经济工作会议指出,推动制造业高质量发展是年度发展的重点工作任务。在技术管理

---

[1] 郑成思. 对二十一世纪知识产权研究的展望[J]. 中国法学, 1999(6): 11-19.

创新条件下,知识产权要素连同其他生产要素使配置效率得以提高、产业产出数量得以增加,最终改善了产出品质,并使产业经济效益大大提高。因此,专利、商标、版权等高级生产要素是提升经济质量和制造业质量的关键环节,是新时代支撑经济从高速发展向高质量发展的源头,其中应特别注重培育本土的知识产权要素。日本电子产业的兴起,与其相匹配的加速本土企业专利审查的知识产权制度发挥了重要作用;印度医药产业的成就,得益于成功的专利制度。因此,本书认为,要素禀赋的结构决定了未来产业的发展方向,知识产权在产业中的分布与作用发挥影响着国家产业的国际竞争力,下一步,从知识产权要素在产业分布中的数量和质量、进口贸易、出口、经济、历史发展、产业周期、垄断程度等各个角度全面评估中国专利密集型产业,是确定产业政策和知识产权政策的前提。近年来,专利密集型产业在我国已有一定的研究与进展,但缺乏专门针对知识产权密集型产业的规划和配套政策,其与高科技产业、战略性新兴产业也有一定的交叉。因此,全面、系统地比较本国与发达国家专利密集型产业的各个方面,是确定发展本国优势知识产权密集型产业和产业升级的前提。

二、营造"三种环境"

近年来,知识产权发展环境不断优化,知识产权与经济社会发展加速融合,知识产权工作体制机制改革持续突破。专利创造质量、运用效益、管理能力和服务水平都显著提升,有效发挥了知识产权制度支撑创新驱动发展的基础保障作用。但在某些方面还存在一些问题,不利于专利密集型产业的进一步发展,在政府部门,知识产权工作体制机制的协调性、顺畅性还有待增强,行政管理水平和公共服务水平还有待提高;在区域经济方面,专利密集型产业在区域经济发展中的融入度、贡献度尚未充分显现,区域专利密集型产业发展不均衡状况尚未根本改变,区域专利密集型产业发展特色多元化尚未完全形成;在高质量发展上,知识产权"量多而质不优"问题仍需解决,因此专利密集型产业的专利对经济的激励作用仍未充分体现;在专利运营方面，各单位专利运用能力仍需提高，专利交易运营体系仍需完善，专利密集型产业人才队伍建设仍需加强，知识产权侵权易发多发态势仍需遏制。

因此，接下来仍应注重良好氛围对专利密集型产业的影响作用，具体来说，一是要营造良好的知识产权法治环境，进一步改善知识产权"保护难"问题，把加强知识产权保护作为确保持续创新的重要基础，依法实行严格的知识产权保护，从而有利于专利密集型企业、专利密集型产业、专利密集型产业集群的良性发展。二是要营造良好的知识产权市场环境，要进一步改善知识产权"转化难"问题，发挥市场决定性作用，以市场主体的需求为导向，着力搭平台、育人才、聚资源，推进知识产权生产要素的创造、运用，使与专利密集型产业相关的管理和服务能力大幅提升，加快专利等知识产权生产要素与产业经济和发展的融合，使之真正成为经济发展和传统产业升级的原动力。三是要营造良好的知识产权文化环境，进一步改善知识产权"意识弱"问题，把知识产权文化作为实施创新驱动发展战略的重要思想意识保障，不断丰富知识产权文化建设的形式，推动知识产权文化核心观念成为公民普遍认同的时代精神的重要内容。

三、构建创新机制

前文已经论证过，单纯的专利数量或专利密度提升并不能看成专利等知识产权要素已经培育成功，必须通过溢出效应、收益效应、经济效应等多方检验，才能确定专利是否为促进产业发展的关键动力。首先，要完善包括专利法在内的鼓励创新主体自主创新的法律体系，用法律为科技进步和产业发展提供保障；其次，要加大财政投入和税收优惠，对专利密集型产业、知识产权运营服务机构实行税收减免，提高高校、科研院所技术转移收入应税起点额度。加强政府对专利（知识产权）密集型产业产品的采购；最后，要建立完善的包括专利、版权、商标等知识产权评价在内的自主创新评价体系，完善科研考核、技术转化的评价标准等。加大对基础研究投入的同时，推动产学研相结合，建立创新机制，鼓励自主创新。这其中最重要的事情是培育企业学会自己创造包括专利在内的各类知识产权高级生产要素。我国在改革开放发展初期可以采取"引进—吸收—再引进"的老路，但目前必须将此转化为"引进—吸收—创新—知识产权保护"的新路径，培育国内高级创新要素，构建创新体系，提升自主创新能力，减低产业升级的对外依存度。政府可以设立专利（知识产权）密集型产业培育基金，通过一系列的政策激励和优惠措施，完善知识产权集群服务体系，形成包括代理服务、信息检索、软件研发、预警分析、价值评估、交易、融资、战略研究、法律援助、宣传培训在内的知识产权服务链，为企业知识产权运用构建"一站式"的知识产权服务平台，进一步完善企业知识产权相关会计信息披露制度，加强知识产权重点企业、示范园区培育工作。

四、加强政策协同

从专利法对创新的激励和保护作用来看，产业发展是知识产权立法的目标追求，知识产权制度是创新产业发展的法律保障。没有产业利益的考虑，知识产权制度就不能实现其社会功能❶。可以说，从专利法的诞生、发展和与时俱进，专利法制度具有天然的"产业政策"属性。从产业创新的需求来说，一个产业系统包括三个维度：①知识和技术领域；②行为者和网络；③制度。制度包括正式制度和非正式制度（如专利法律或特定的规制与传统习俗）。一个产业系统通过上述不同组成要素的共生演化而发生变化与变革❷，应当说，专利法律或特定的规制与传统习俗是促进产业创新的必要组成部分。由此，专利法律制度与产业系统相互交织、相互包容、共同发展。

产业创新是对旧产业结构的创造性破坏❸，创新理论的奠基人熊

---

❶ 张平. 论知识产权制度的"产业政策原则"[J]. 北京大学学报（哲学社会科学版），2012，49（3）：121-132.

❷ 詹·法格博格，戴维·莫利，理查德·纳尔逊. 牛津创新手册[M]. 北京：知识产权出版社，2009：14.

❸ 罗积争，吴解生. 产业创新：从企业创新到国家创新之间的桥梁[J]. 经济问题探索，2005（4）：111-114.

彼特把创新比作生物遗传上的突变,"即不断地破坏旧的并创造新的结构,'突变'构成一种'创造性的破坏过程'"。产业创新是企业创新与国家创新的中间桥梁,它对产业内的创新活动进行政策性指导,即利用产业创新政策诱导、协调和保障产业内的企业创新行为,这一方面又与国家创新系统的功能和原则有紧密联系❶。20 世纪 50 年代以来,后人在熊彼特的"创新理论"基础上发展了技术创新理论和制度创新理论两个分支。事实上,技术创新、制度创新和产业创新三者不能割裂来看,制度创新使技术创新扩张为产业创新成为可能❷。从创新的权利主体来看,技术创新的主体往往是企业或者个人,在制度创新的作用下,最终使这种非体系化的创新覆盖、颠覆整个产业,从而推动人类社会的巨大进步。专利法从兴起到现在只有三四百年的历史,但涵盖了从工业革命到信息革命的不同时期,基于科技革命而生,由于技术革命而变❸,其制度史本身就是一个法律制度创新、技术创新、产业创新相互作用、相互促进的过程。专利证据表明,工业革命时期存在着宽泛的技术变革❹。同时,专利制度的不断发展,又成为技术创新和产业革命由低级形态向高级形态攀升的动力。专利制度作为产权制度的重要组成部分,18 世纪中叶之后,促使西北欧实现了基于创新的发展转型❺。

熊彼特增长理论其中一个重要部分,就是承认政府政策对经济的推动作用。在政府的产业政策中,要区别主动、积极的推动政策和被动的偏向保护性的幼稚产业保护理论。美国的航天产业、日本的出版产业等发展起来并成为优势产业都离不开国家的政策支持,用好产业

---

❶ 严潮斌. 产业创新:提升产业竞争力的战略选择 [J]. 北京邮电大学学报(社会科学版), 1999 (3): 6-10.

❷ 王艾青. 技术创新、制度创新与产业创新的关系分析 [J]. 当代经济研究, 2005 (8): 31-34.

❸ 吴汉东. 科技、经济、法律协调机制中的知识产权法 [J]. 法学研究, 2001 (6): 128-148.

❹ Macleod C. Inventing the Industrial Revolution: the English Patent System 1660-1800 [M]. Cambridge: Cambridge University Press, 1988: 78.

❺ Landes D S. The Wealth and Poverty of Nations [M]. London: Little, Brown and Company, 1999: 69.

政策和知识产权政策是我国赶超发达国家实现产业结构升级的重要步骤。在知识产权政策层面,一是要积极实施专利导航工程,结合知识产权密集型产业和战略性新兴产业特色,重点开展优势产业的专利导航项目;二是建立知识产权运营服务机构和高等院校、科研院所、企业等联合运营机制,深化产学研协同创新,支持构建一批高价值专利培育示范中心;三是进一步健全知识产权评议工作机制,探索形成"政府政策引导、企业主动实施、机构专业服务"的重大经济科技活动知识产权评议工作模式。在财税政策上,进一步借鉴国外在企业研发过程前端投入采用加计扣除和研发费用的税收抵免、在企业研发过程后端实行专利盒的制度来推动企业创新,进一步改进我国专利、版权税收优惠政策❶。

五、开展定期评估

在全球化背景下,随着长期的生产要素国际流动和我国自主创新能力的提高,一国的产业发展重点和策略将发生变化,研究表明,生产要素密集型产业结构重心的变化在逐渐加快,第一次转移(从劳动密集型产业转化为资本密集型产业)大约花费了一个半世纪,第二次转移(从资本密集型产业转化为知识(技术)密集型产业)则缩短为半个世纪,因此,专利(知识产权)密集型产业成为部分产业结构的重心需要的时间应该更短。由于专利密集型产业在经济中的作用越来越重要,专利法的修订是否有利于专利密集型产业的发展则显得尤为重要。

各行业所处的阶段不同,专利法"一刀切"的调整对其或利或弊,不能一概而论,应从国家总体经济发展的宏观层面对专利法修订的实施效果进行事先预判和事后评估。例如,19 世纪下半叶的美国,专利侵权判定的标准从中心限定理论向周边限定理论转变,其经济根源在于,美国以此希望鼓励更多的企业有机会在第二次专利革命中通

---

❶ 程瑶,潘旭文. 专利税收优惠设计的国际比较与借鉴[J]. 财政研究,2018(2):121-129.

过技术改进进入新兴行业和从事持续创新,即通过专利法的调整,增强新兴行业中供给者的数目和调整供给方之间的竞争❶。我国第三次专利法修订相对新颖性到绝对新颖性的转变也有类似的产业创新诉求。但是,这种影响究竟是正向的还是负向的,应当根据产业的实际发展情况来进行判断和评价。例如,对同一产业的不同细分领域来讲,专利法修订中"绝对新颖性"产生的机会和挑战迥异:通信运营业由于伴随着开放的推进且尚未建立足够的专利防御,挑战大于机会;通信设备制造业,创新导向与其市场诉求一致,机会大于挑战❷。一方面,应重视专利、商标、版权等知识产权要素与其他新要素的融合,随着物联网、区块链、大数据等新技术的发展,数据收集和数据共享水平将大幅提高,新的生产要素比如人工智能、大数据等已经登上历史舞台,因此应对更多的生产要素进行全面分析;另一方面,应重视专利、版权、商标等知识产权要素与传统要素的关系,鼓励对高端人才和高新技术的引入,并使其充分发挥溢出效应,加速本土高级生产要素的培育。2009 年,欧盟理事会批准了以高层次人才为目标的"蓝卡"计划,该计划有助于提升欧盟的国际人才竞争力,为经济复苏积累人力资本,同时要求欧盟各成员国在两年之内将"蓝卡"计划纳入本国的法律体系。2011 年,韩国通过了《国籍法修订案》,针对海外韩侨、结婚移民者、全球人才等人群开放,允许持有双重国籍,这些要素的流入,对东道国的技术进步和产业发展无疑有重大意义。

第二节　省市层面

一、优化扶持政策

专利(知识产权)密集型产业在我国经济发展中的地位日益重

---

❶ 吴欣望,朱全涛. 专利经济学——基于创新市场理论的阐释[M]. 北京:知识产权出版社,2015:64.

❷ 郭小明,沈剑锋,王海波.《专利法》第三次修改对我国通信产业的影响[J]. 电子知识产权,2009 (5):28-32.

要，地方政府应持续重视专利（知识产权）密集型产业的发展，积极打造专利密集型企业和高价值专利，促进产业结构转型升级。进一步优化完善相关政策扶持，提高专利保护强度，鼓励各地区确定自身优势产业，发挥科学测度对经济增长的作用，形成相应的知识产权运用体系和区域性产业集聚。具体可通过以下策略进行加强：一是强调高质量发展策略。强化高质量发展导向，加速优质知识产权要素在地方产业上的聚集，鼓励地方加大对中国专利奖、地方专利奖、版权奖等高质量知识产权要素培育的奖励力度；鼓励地方根据实际情况加大对国际专利、高质量专利的扶持力度，推动创新主体企业积极开展海外专利布局。二是加大对知识产权密集型产业的专利审查、专利保护力度。无论是何种创新产业，要成功占据全球价值链的优势地位，必须使该产业中的知识产权要素成为主导要素，国家知识产权局应当鼓励各地在专利（知识产权）密集型产业所涉关键、共性技术领域的专利审查方面提前加大投入，以满足该政策对专利审查的需求。以上海市为例，2017年中国（浦东）知识产权保护中心成立并建成，聚焦高端装备制造、生物医药两大产业，开展知识产权快速审查、快速确权、快速维权等协同保护工作。三是评估本地知识产权要素禀赋，确定区域知识产权重点支持产业目录。2018年，国家知识产权局印发了《知识产权重点支持产业目录（2018年本）》，进一步推动了专利（知识产权）密集型产业的发展。各地应当根据国家知识产权局发布的目录以及本地的实际情况，发展本地区的优势专利密集型产业。不同的省市各有差异，因此评估本地知识产权要素禀赋，是确定重点支持发展产业的前提。四是研究加强人才激励政策。经过若干年的发展，我国知识产权人才已经初具规模，但还存在相关人才激励政策和培养机制不完善、人才国际交流渠道和平台不多等问题，在具备条件的地区，建议将专利代理人资格或拥有国际专利等纳入地区引入高端人才的衡量指标，同时完善相关行业人才培养培训机制，丰富从业人员学历深造、导师培训、对外交流等培养渠道。五是完善相关金融、财税政策配套。鼓励知识产权金融创新，完善知识产权投融资政策，支持银行、证券、保险、信托等机构广泛参与知识产权金融服务，鼓励商业银行开发知识产权融资服务产品。进一步促进知识产权质押融资工作，完善知识产权融资服务平台，建立知识产权质押融资市场化风险补偿机制，简化质押融资流程，拓展质押业务。扩大专利保险试点范围，增加保险品种，完善专利保险服务体系。探索建立产业知识产权运营基金，促进重点产业知识产权实施和产业化。在有条件的地区组建区域知识产权交易中心。以专利权为主要内容开展知识产权信托交易试点，探索开展知识产权证券化业务。财政上，改革现有资助政策，由全面资助向重点资助转移；由资助所有发明专利转向资助具有重大技术突破或制约产业集群发展的专利；由资助专利申请转向资助专利运用；引导知识产权申请由数量向质量转变。

二、促进要素融合

针对一直以来创新企业融资难的问题，知识产权行政管理部门可以联合金融机构完善融资体系和金融服务，降低融资成本。在知识产权信息资源利用方面，重视风险防范和分析决策。发挥相应运营平台和产业联盟的作用，促进知识产权与科技成果转化。将专利（知识产权）作为我国经济增长的核心财富，促进产业创新，提高竞争优势。具体来说，应从以下三方面入手：一是加强知识产权运营功能型平台建设。集聚和整合国际国内知识产权运营交易要素和资源，逐步打造专业化、市场化、国际化的区域性知识产权运营交易一门式服务平台，研究优化国有无形资产交易转化机制。推动建立知识产权金融服务平台，鼓励金融机构创新知识产权金融产品，拓宽中小企业融资渠道。二是深化产业专利（知识产权）联盟建设。会同相关部门持续推进产业专利联盟建设，鼓励各区及相关园区立足产业发展特色，开展产业专利（知识产权）联盟建设试点工作，促进产业上下游协同创新，实现知识产权有效运用和共同防御。三是引导创新主体提升知识产权工作能力。加强专利信息传播与利用，深入开展产业专利导航、分析评议等项目，引导创新主体借助知识产权专业服务机构力量加强知识产权跟踪分析和风险防控。

三、优化服务体系

充分运用税收等政策的扶持和引导作用,将优惠政策向相关企业和服务机构倾斜,优化知识产权服务环境,推动行业协会自律工作建设。切实落地相关标准保障,推动向价值链和产业链的中高端延伸,促进知识产权服务工作和科技创新工作相结合,拓展海外知识产权服务范围。提供高质量和便利的知识产权信息公共服务,构建区域内信息共享平台和优势体系建设。一是发挥知识产权服务行业协会在行业发展中的作用。行业协会、行业联盟以及其他一些辅助性研究机构在整个知识产权体系中起到很大的促进作用,其中辅助性研究机构扮演中立的数据提供者角色,产业联盟、行业协会作为整个行业的领导者和召集者,可以对整个行业中所有参与协会组织的企业的优势资源进行调查、整合和利用。行业协会的存在能够避免企业在国际竞争中"单打独斗",将共性问题进行统一处理,将类似的侵权状况进行整体解决。这些非政府组织的存在减少了企业耗费在知识产权保护方面的精力和财力。因此,应尽快推动知识产权服务行业协会成立并开展工作,尽早发挥行业协会在行业自律、标准制定、人员培训及交流等方面的积极作用。推行《专利代理机构服务规范》等国家标准,促进和规范专利代理行业发展。二是推进财税等扶持政策落地。会同税务部门梳理知识产权服务机构可享受的税费优惠政策,进一步提高政策落地的针对性和操作性,并加强政策宣传解读。研究知识产权服务品牌机构培育扶持措施,探索以试点项目或政府购买服务等形式,引导服务机构拓展服务市场,拓宽服务领域,提升涉外服务能力。三是深化有特色的专利(知识产权)密集型产业信息平台建设。加强区域专利(知识产权)公共服务平台建设,推进知识产权综合信息和服务平台立项建设,打造专利(知识产权)密集型产业专利信息平台。例如,西安市打造了国家知识产权运营军民融合(西安)试点平台,形成深度关联的多维知识产权大数据,统筹发布解密国防专利,入库数据超过1亿条,累计服务量超过10万次。四是充分发挥高新区作用。2010—2018年,我国高新区创新指数持续增长,高新区逐步形成政府、企业和社会多方参与的发展模式,并且高新区的优势产业高技术服务业与我国专利密集型产业具有紧密的联系性。根据《高技术产业(服务业)分类(2018)》界定的含义和范围,高技术服务业是采用高技术手段为社会提供服务活动的集合,包括信息服务、电子商务服务、检验检测服务、专业技术服务业的高技术服务、研发与设计服务、科技成果转化服务、知识产权及相关法律服务、环境监测及治理服务和其他高技术服务九大类❶。其中信息服务产业下属的信息技术服务——信息处理和存储支持服务,地理遥感信息服务,动漫、游戏数字内容服务,其他数字内容服务具有一致性,并且研发与设计服务、科技成果转化服务、知识产权及相关法律服务作为与知识产权创造、运用和保护息息相关的产业,发挥高新区产业先行和协同发展作用,对我国专利密集型产业建设和制度完善具有积极意义。

四、构建"大保护"格局

不断提升地方知识产权管理部门对区域内广大创新主体知识产权保护的服务水平,增强知识产权保护力度,面对实践中存在的知识产权侵权行为违法成本低、权利人维权难等问题,利用惩罚性赔偿进行有效遏制。知识产权保护需要行政保护和司法保护各个环节的有机衔接,实现多重保护手段优势互补,知识产权"大保护"符合多元化纠纷解决机制的需求,有利于实现知识产权保护制度创新和制度建设协同。应进一步加强重点产业的海外布局和防控,搭建企业知识产权海外维权平台,可以从以下方面强化知识产权保护:一是构建知识产权"大保护"工作格局。推动构建以司法为主导、行政执法和司法保护有效衔接,争议仲裁、纠纷调解、信用管理、行业自律并行发展的知识产权保护机制。完善知识产权纠纷多元解决机制,建立知识产权"诉调对接"机制、"知识产权律师调解工作室"等。探索建立与国际接轨的知识产权仲裁调解机制。持续深入开展知识产权执法维权护

---

❶ 国际统计局. 高技术产业(服务业)分类(2018)[EB/OL]. [2020-07-05]. http://www.stats.gov.cn/tjsj/tjbz/201805/t20180509_1598315.html.

航行动，形成尊重和保护知识产权的社会氛围。二是进一步加快探索建立知识产权惩罚性赔偿制度。为权利人提供更加便捷、力度更强的保护途径，采取一系列改革措施，进一步推进知识产权专门法院和专业法庭建设，破解当事人知识产权侵权赔偿举证难、赔偿低问题。加强知识产权信用管理，将知识产权侵权行为纳入信用体系，进一步推进相关执法信息透明化。三是加强知识产权海外维权指导和援助服务。会同商委、发改委等其他部门，加强创新主体知识产权海外维权指导和援助服务，依托专业机构及平台等，加强对美、日、欧及"一带一路"沿线国家和地区知识产权保护制度的解读和态势跟踪，指导企业提升商业秘密保护、国际展会保护等能力。

综合运用法律、行政、技术、社会治理手段来强化知识产权保护，促进保护能力和水平的整体提升。注重对专利密集型产业的统计和监测，完善相应法律法规规章，配合推进专利法修改；加强保护长效机制建设，优化知识产权保护中心建设布局，强化知识产权行政保护，健全知识产权行政执法保护业务指导体系和知识产权司法保护。2020年适逢《国家知识产权战略纲要》（以下简称《纲要》）收官之年。《纲要》提出的2020年"把我国建设成为知识产权创造、运用、保护和管理水平较高的国家"这一目标已基本实现。未来应继续紧握2035年新一轮知识产权强国战略纲要的制定，继续推进专利密集型产业建设。

五、夯实人才基础

实现创新驱动发展战略的重点是实现人才驱动，相关制度和政策的出台能够促进科技人才的培育和引进，打造高水平、专业化和复合型知识产权人才队伍。

深化海外知识产权国际交流培养，鼓励高价值人才回国。加强高校、科研院所和企业联合科研攻关，提高科技成果转化效率，通过利益分配等机制激励科研机构和人才队伍的创新热情，发挥科技创新和制度创新的双轮驱动作用。具体来说，一是建立知识产权培训工作机制，研究制订分级分类的知识产权培训计划，完善培训大纲、教材及师资，推动实现知识产权培训资源和信息的充分共享。加强专业人才培养，重视知识产权教育。制订与知识产权强国规划相配套的专项人才培养计划。增加知识产权教育，支持高校设置知识产权本科专业，推动高校制定知识产权专业人才培养方案。通过校企联合、定向委培、产需部门合作等方式，结合地方专业人才培养工作，加快知识产权技能型、国际型、管理型人才培养。二是加强知识产权高技术人才国际交流与合作，定期选拔优秀人才到知识产权领先国家培训学习。专注于打造跨国经营人才团队。加强与国际重大专项、科技计划的衔接，造就高水平的基础设施建设、管理和科研人才队伍。重点引进紧缺的海外知识产权高层次创新人才，落实高层次人才回国优惠政策。三是加强政府管理部门人员培训，分级别、分区域组织政府相关部门、产业园区管理部门相关负责人的知识产权培训，提升领导干部和公务员知识产权意识。四是完善知识产权实务人才培养机制，会同当地教委等部门，研究依托本地优质教育培训资源，完善学历教育、继续教育、业务培训等衔接互补的知识产权实务人才培训机制，拓宽国际交流合作渠道，加快专业化、国际化和复合型知识产权实务人才培养；发挥各区、园区和专业培训机构作用，组织开展面向各类创新主体的知识产权工作培训和政策解读。五是实施人才驱动战略。创新驱动发展就是以科技创新为核心的全面创新，实质是人才驱动。专利密集型产业可以适当增加研发人员和科研团队对非涉及国家利益和国家所有专利成果的权利，国家和地区出台相关政策吸引高科技人才，打造专业化、复合型科技成果转化人才队伍。吸引更多人才参与到专利成果的转化和收益分配，研发机构发挥刺激效应，使科技成果转化发挥最大化效应。专利管理部门增强对高校、科研院所专利研发质量的审查和相关专利信息的提供，结合市场需求为高校和科研院所的专利研发提供方向和建议。加强高校、科研院所和企业联合科研攻关，以项目形式进行研发合作和专利池共享，增加高校、科研院所的专利成果转化基金，积极建设创新平台、创新联盟、专利孵化器等，为专利密集型产业相关成果的开发和实施创造良好的法律服务环境，将专利管理与服务贯穿于技术创新的全过程。

第三节　产业层面

专利密集型产业集聚了丰富的创新资源，内生的创新驱动能力突出。发展专利密集型产业是我国产业结构转型升级的根本途径，是推动新经济发展的主要动力，也是促进我国高质量发展的客观要求。创新驱动发展的前提是高质量的科技供给和科技成果的高质量转化。专利密集型产业的发展需要内外两种动力共同促进，加强高质量专利创新和专利成果有效转化。其中，内生动力是科学技术的重大发现和重大进步，推动科技革命和产业革命；外部推动力是体制机制创新，创新政策、创新制度的制定与实施。进一步将科技与经济相结合并成倍放大，立足于政策和制度层面的完善建议将为专利密集型产业的发展起到外部推动作用。

一、提升产业政策动能

根据产业倾向与所处地区不同，差异化选择政策重点，加强区域间的统筹协作机制。相关研究发现，影响东部地区专利密集型产业知识产权运营效率的因素主要是企业规模、企业性质和企业国际化程度，东部地区知识产权运营的市场化程度更高，因此对于东部地区，应进一步发挥市场在资源配置特别是创新资源配置中的决定性作用。而影响中西部地区专利密集型产业知识产权运营效率的因素主要是基础投资和政府财政支持，说明在产业发展早期阶段，政府出台的扶持政策往往能够显著影响知识产权的运营效率，因此应该利用政策导向为专利密集型产业提供良好的政策环境。实践中可参考我国粤港澳大湾区布局建设中广东、深圳、佛山、珠海、汕头保护中心围绕大湾区东西两岸形成的"珍珠链"，面向高端装备制造和新材料产业开展快速协同保护服务，将有助于构建区域示范性的知识产权保护高地。又如，京津冀科学集群以及位处丝绸之路经济核心区、辐射中北亚的克拉玛依保护中心，对促进提升西部边疆地区知识产权创造、保护和运用水平，支撑石油开采加工和新材料产业创新发展具有重要意义。

二、加强国际合作交流

国家知识产权局于 2019 年 8 月发布的数据显示，自"一带一路"倡议提出以来，我国在沿线国家和地区专利授权量排名高居首位的计算机、通信和其他电子设备制造业正是专利密集型产业，排名前 10 的产业中有 8 个产业属于专利密集型产业，涉及这些产业的专利布局有力促进了中国对"一带一路"沿线国家和地区出口的提质增量，推动相关产业向价值链高端发展，显著促进产业创新；2019 年上半年，中国在"一带一路"沿线国家和地区专利申请人排名中，华为技术有限公司、广东欧珀（OPPO）移动通信有限公司两家信息通信技术制造和服务企业分列前两位，排名前五的其他申请人也都属于专利密集型产业的典型代表。我国应进一步深化知识产权国际交流合作，提升知识产权对外合作水平，加强重点产业海外布局和防控，引导企业加快商标品牌海外布局，搭建企业知识产权海外维权平台等。提升跨国经营能力和国际竞争力，支持发展一批跨国公司，通过全球资源利用、业务流程再造、产业链整合、资本市场运作等方式，加快提升核心竞争力。深化产业国际合作，加快企业"走出去"。加强顶层设计，制定制造业"走出去"发展总体战略，建立完善统筹协调机制。积极参与和推动国际产业合作，贯彻落实丝绸之路经济带和 21 世纪海上丝绸之路等重大战略部署，鼓励高端装备、先进技术、优势产能向境外转移。加强政策引导，推动产业合作由加工制造环节为主向合作研发等高端环节延伸。推动构建更加开放包容、平衡有效的知识产权国际规则，让中国的知识产权在国外也能得到很好的保护，为中国企业"走出去"营造良好的国际环境。

三、完善统计和监测政策

作为最早公开发布知识产权与经济增长的内在联系分析评估的国家，美国在其两版《知识产权和美国经济》报告中调整了统计方式，以更好地引导知识产权创造和运用。2012 年出版的该报告以产业内人均知识产权拥有量来界定知识产权密集型产业，人均知识产权拥有量超过平均值则为知识产权密集型产业,缺乏对知识产权产生的收益的考量;2016年该报告又增加了产业内与知识产权相关的所有收益,进而计算知识产权收入占总收入的比重,从而确定知识产权收入占比超过平均值的为知识产权密集型产业❶。可见,美国的专利密集型产业的统计方式经历了从"产业内人均知识产权拥有量"到"知识产权收入占总收入的比重"的转变。这一调整加大了对知识产权创造的收益的考量,使报告的分析评估更加符合经济发展需要,为美国制定、推动知识产权创造和运用政策提供了科学的决策参考。因此,要让专利等知识产权在产业发展中发挥更大作用,不能仅关注其转让许可和作价投资的金融价值,更需要引导推动专利的有效实施,让知识产权更好地转变为产品和产业增加值,这是知识产权创造和运用的根本目的。分析研判专利密集型产业,应更加关注高质量发展要求,以更科学的统计数据发布机制引导推动知识产权与经济发展的深度融合,如针对知识产权产品、企业和产业的统计调查制度,制定和完善支撑高质量发展的知识产权研发布局政策、审查政策、费用政策、科技创新管理政策和财税优惠政策等。专利密集型产业的统计需要注意以下几点:①以拥有高水平、高质量知识产权为目标,在数量集聚的基础上,更要注重标准必要专利、高价值发明专利等体现知识产权质量的指标,同时要注重加强知识产权国外布局;②以知识产权价值实现为目标,既要注重知识产权有效运用,也要注重知识产权对经济社会发展的贡献度;③以充分激励科技创新为目标,注重知识产权满意度等指标,提升知识产权保护效果,促进知识产权创造。发展基于专利密集型产业的知识产权经济,需要进一步完善政策环境。

分析研判专利密集型产业,应更加关注高质量发展要求,以更科学的统计数据发布机制引导知识产权与经济发展的深度融合。发挥专利密集型产业统计作用,不断完善相关政策,尽量促使统计标准统一。针对知识产权产品、企业和产业的统计调查制度,制定和完善支

---

❶ 专利密集型产业缘何"富可敌国"[EB/OL]. [2019-07-08]. http://www.cnipa.gov.cn/mtsd/1146813.htm.

撑高质量发展的知识产权研发布局政策、审查政策、费用政策、科技创新管理政策和财税优惠政策等。有关专利密集型产业的划分不是一劳永逸的，专利密集型产业所涉及的技术往往更新换代较快，因此，相应的产业监测是一个不断循环的过程，要在运用中不断反馈更新，在实践中不断修订和完善，使专利密集型产业目录和监测指标能跟上产业的发展。

四、发挥专利导航作用

专利导航是产业决策的新方法，是运用专利制度的信息功能和专利分析技术系统导引产业发展的有效工具。开展专利导航的过程中，需要注意遵循聚焦专利密集型产业的原则。通过专利制度激发专利密集型产业技术创新的活力，把握产业技术关键环节，集中优势资源开展专利运用，形成竞争优势突出的产业集群、创新集群和专利集群，整合各类优势资源。针对专利密集型产业，利用市场化、集群化、联盟化、协作化等手段吸引并整合专利、技术、人才、金融等资源，集中打造国内外具有较强竞争力和影响力的产业高地、专利运用与人才高地。通过专利导航融入产业发展决策体系，增强产业发展规划决策和重大项目决策的科学性、产业技术发展路线选择的合理性、产业创新政策导向的准确性以及产学研结合的针对性。促使产业发展规划、产业运行决策的科学化程度进一步提高，产业布局更加科学，产业结构更加合理。培育形成若干具有区域特色、优势明显、专利集聚、布局合理、具有国际先进水平的专利密集型产业集群，逐步实现专利和产业发展的紧密结合、专利运用模式的有效创新、专利运营的高端发展，为实施创新驱动发展战略提供强有力的支撑和保障。

有关专利导航的实施和界定，由于一些地方知识产权局、知识产权试点示范园区、行业协会等已经开展了相关的产业专利分析工作。在实际工作中，要把握专利导航试点工程的内涵，深刻理解产业规划类和企业运营类专利导航项目的实质，对专利导航进行科学界定。一般的查新检索、预警分析、项目评议等专利分析不属于专利导航。

五、促进知识产权联盟协作

2015年,国务院印发了《中国制造2025》,明确提出"支持组建知识产权联盟,推动市场主体开展知识产权协同运用"的发展战略。在这一背景下,产业知识产权联盟迎来了新的发展机遇。产业知识产权联盟成立后,联盟成员间可以构建专利池,形成知识产权共同运营的合作模式,提高和扩充联盟企业的创新转化能力,通过共建行业标准,形成共同抵御外来知识产权风险的能力。一方面,联盟各成员单位可以产业为基础,依托联盟内独有的产业链资源优势,从源头抓起,通过识别产业链上下游企业产品技术的连接点,以项目合作、技术引入等手段,培育高价值专利,产出符合产业发展需求与各级标准制定的优质专利,组建产业专利池,形成联盟各成员单位产业专利价值一体化连接,占据该产业高价值专利的最高点;另一方面,产业知识产权联盟还可以通过综合运用市场情报分析、专利分析等手段,掌握企业市场活动所涉及的知识产权竞争态势,识别技术创新的方向和技术需求的领域等,通过专利收购、许可,实现全产业链完善的专利布局,保障并促进产业健康发展❶。具体来说,未来专利密集型产业知识产权联盟可从以下方面加强协作:一是依托企业所在的行业组织,推动形成产业专利联盟。强化专利密集型产业纠纷案件信息交流,提升应对知识产权纠纷的能力。突破产业技术标准中的知识产权障碍,合力解决行业发展中的重大事项和重大问题。二是建立覆盖全球范围的海外行业商会组织,维护中资企业合法权益。设立产业专利海外维权援助服务基金,成立专家咨询委员会,对重大战略性问题和政策实施情况提出专业建议,在行业的重要节点上构建专利法律风险预警机制。按照政府指导、企业主导的原则,发挥行业组织熟悉行业、贴近企业的优势,为政府和企业提供双向服务,充分发挥连接企业与政府的桥梁作用。三是完善内部服务平台,协调组建产业交流及

---

❶ 李俊霖. 产业知识产权联盟风起云涌,但这些问题需要各位注意[N]. 中国知识产权报,2016-11-24.

跨界协作平台，开展联合技术攻关，推广先进管理模式，完善工作制度。加强行业自律，倡导提升企业形象、维护企业权益、抵制无序和恶性竞争，鼓励企业进行经验分享。四是开展产业知识产权专题调查研究，及时跟进企业微观层面诉求。通过密切跟踪不同产业发展动态，加强数据统计、成果鉴定与检测、标准制定等能力建设，提高为企业发展的服务水平。同时，产业知识产权联盟还应及时将企业动态与需求反映给国家。

参考文献

[1] 国家知识产权局. 专利密集型产业目录（2016）（试行）[EB/OL]. (2016-10-28) [2020-03-10]. http://www.sipo.gov.cn/tz/gz/201610/t20161028_1298575.html.

[2] 国家统计局. 知识产权（专利）密集型产业统计分类（2019）[EB/OL]. (2019-04-01) [2020-03-10]. http://www.gov.cn/gongbao/content/2019/content_5419213.htm.

[3] 陈伟, 等. 高专利密集度产业创新效率及影响因素研究——基于DEA-Malmquist指数和Tobit模型 [J]. 科技管理研究, 2015, 35 (21): 1-6.

[4] 徐明, 姜南. 我国专利密集型产业及其影响因素的实证研究 [J]. 科学学研究, 2013 (2): 201-222.

[5] 方志超, 王贤文, 刘趁. 全球专利密集型企业之间专利引用行为分析 [J]. 科学学与科学技术管理, 2015 (12): 3-12.

[6] 孙玮, 陈燕, 孙全亮. 中国制造业专利密度的行业分布特征及影响因素分析 [J]. 科学学与科学技术管理, 2015 (4): 96-104.

[7] AGZ Hu, IPL Png. Patent rights and economic growth: evidence from cross-country panels of manufacturing industries [J]. Oxford Economic Papers, 2009, 65 (3): 675-698.

[8] 威廉·配第. 配第经济著作选集（赋税论）[M]. 北京: 商务印书馆, 1981: 66.

[9] 亚当·斯密. 国民财富的性质和原因的研究: 上册 [M]. 北京: 商务印书馆, 1983: 2-3.

[10] 大卫·李嘉图. 政治经济学及赋税原理 [M]. 北京: 商务印书馆, 2013: 242

[11] 阿弗里德·马歇尔. 经济学原理 [M]. 北京: 华夏出版社, 2012: 63.

[12] 王宏昌. 诺贝尔经济学奖金获得者讲演集（1969—1977）[M]. 北京: 中

国社会科学出版社,1997:97.

[13] 迈克尔·P.托达罗.经济发展[M].北京:中国经济发展出版社,1999:108.

[14] 李清彬.推动大数据形成理想的生产要素形态[J].中国发展观察,2018(15):22-25.

[15] 于刃刚,戴宏伟.生产要素论[M].北京:中国物价出版社,1999:4-5.

[16] 王永昆.比较成本论——西方国际贸易理论介评(二)[J].国际贸易,1987(2):46-48.

[17] 黄桂田,等.中国制造业生产要素相对比例变化及经济影响[M].北京:北京大学出版社,2012:7-8.

[18] Dixit A K, Grossman G M. Trade and protection with multistage production [J]. The Review of Economic Studies, 1982, 49 (4): 583-594.

[19] Vernon R. International investment and international trade in the product cycle [J]. Quarterley Journal of Economics, 1966 (80): 190-207.

[20] Oniki H, Uzawa H. Patterns of trade and investment in a dynamic model of international trade [J]. The Review of Economic Studies, 1965, 32 (1): 15-38.

[21] Findlay R. Factor proportions and comparative advantage in the long run [J]. The Journal of Political Economy, 1970, 78 (3): 27-34.

[22] Bond E W, Trask K, Wand P. Factor accumulation and trade: dynamic comparative advantage with endogenous physical and human capital [J]. International Economic Review, 2003, 44 (3): 1041-2060.

[23] Krugman P. The narrow moving band, the Dutch disease, and the competitive consequences of Mrs Thatcher: notes on trade in the presence of dynamic scale economies [J]. Journal of Development Economics, 1987, 27 (1-2): 41-45.

[24] 李娜,王飞.中国主导产业演变及其原因研究:基于DPG方法[J].数量经济技术经济研究,2012(1):19-21.

[25] 黄永明,何伟,聂鸣.全球价值链视角下中国纺织服装企业的升级路径选择[J].中国工业经济,2006(5):56-63.

[26] 张其仔.比较优势的演化与中国产业升级的路径选择[J].中国工业经济,2008(9):58-64.

[27] 朱卫平,陈林.产业升级的内涵与模式研究——以广东产业升级为例[J].经济学家,2011(2):60-62.

[28] 丁志国,赵宣凯,苏治. 中国经济增长的核心动力——基于资源配置效率的产业升级方向与路径选择 [J]. 中国工业经济,2012 (9):18 – 25.

[29] 韩江波,李超. 产业演化路径的要素配置效应:国际案例与中国选择 [J]. 经济学家,2013 (5):39 – 49.

[30] 洪银兴. 从比较优势到竞争优势——兼论国际贸易的比较利益理论的缺陷 [J]. 经济研究,1997 (6):20 – 26.

[31] 林毅夫,蔡昉,李周. 比较优势与发展战略——对"东亚奇迹"的再解释 [J]. 中国社会科学,1999 (5):4 – 20,204.

[32] 林毅夫,孙希芳. 经济发展的比较优势战略理论——兼评《对中国外贸战略与贸易政策的评论》[J]. 国际经济评论,2003 (6):12 – 18.

[33] 林毅夫,李永军. 比较优势、竞争优势与发展中国家的经济发展 [J]. 管理世界,2003 (7):21 – 28,66.

[34] 张幼文. 从廉价劳动力优势到稀缺要素优势——论"新开放观"的理论基础 [J]. 南开大学学报,2005 (6):1 – 8,61.

[35] 华民. 我们究竟应当怎样来看待中国对外开放的效益?[J]. 国际经济评论,2006 (1 – 2):41 – 47.

[36] 冯梅. 上海制造业比较优势演化与转型升级的路径研究 [J]. 上海经济研究,2013,25 (5):112 – 120.

[37] 严成樑,龚六堂. 熊彼特增长理论:一个文献综述 [J]. 经济学(季刊),2009,8 (3):1163 – 1196.

[38] 何其春. 人类持续变富的解密——2018 年诺贝尔经济学奖得主 Paul Romer 的贡献 [J]. 中央财经大学学报,2018 (12):119 – 125.

[39] 何其春. 税收、收入不平等和内生经济增长 [J]. 经济研究,2012 (2):4 – 14.

[40] 张建华,刘仁军. 保罗·罗默对新增长理论的贡献 [J]. 经济学动态,2004 (2):77 – 79.

[41] 颜鹏飞,汤正仁. 新熊彼特理论述评 [J]. 当代财经,2009 (7):116 – 122.

[42] 郭小明,沈剑锋,王海波.《专利法》第三次修改对我国通信产业的影响 [J]. 电子知识产权,2009 (5):28 – 32.

[43] 孙自法. 中国科技部:2018 年国家综合创新能力列世界第 17 位 [EB/OL]. (2019 – 01 – 09) [2020 – 07 – 06]. http://www.chinanews.com/gn/

2019/01 - 09/8724676. shtml.

[44] 吴延兵. R&D 存量, 知识函数与生产效率 [J]. 经济学, 2006, 5 (4): 1129 - 1156.

[45] 厉以宁. 论资本密集型经济和劳动密集型经济在发展中国家现代化过程中的作用 [J]. 世界经济, 1979 (6): 5 - 14.

[46] 岳佐华, 李录堂. 生产要素演进规律及其对我国农村经济发展的启示 [J]. 中国农史, 2007 (3): 88 - 95.

[47] 周小川, 杨之刚, 等. 迈向开放型经济的思维转变 [M]. 上海: 上海远东出版社, 1996: 34.

[48] 张幼文, 梁军. 要素集聚与中国在世界经济中的地位 [J]. 学术月刊, 2007 (3): 74 - 82.

[49] 马飒. 要素稀缺性与收益的国际差异 [M]. 上海: 格致出版社, 2016: 62.

[50] 薛安伟. 要素引进下产业升级的路径 [M]. 上海: 格致出版社, 上海人民出版社, 2016: 3.

[51] 丁焕峰. 技术扩散与产业结构优化的理论关系分析 [J]. 工业技术经济, 2006 (5): 95 - 98.

[52] 隆国强. 全球化背景下的产业升级新战略——基于全球生产价值链的分析 [J]. 国际贸易, 2007 (7): 27 - 34.

[53] 李晓阳, 吴彦艳, 王雅林. 基于比较优势和企业能力理论视角的产业升级路径选择研究——以我国汽车产业为例 [J]. 北京交通大学学报 (社会科学版), 2010, 9 (2): 23 - 27.

[54] 宋国宇, 刘文宗. 产业结构优化的经济学分析及测度指标体系研究 [J]. 科技和产业, 2005 (7): 6 - 9, 40.

[55] 韩江波, 李超. 产业演化路径的要素配置效应: 国际案例与中国选择 [J]. 经济学家, 2013 (5): 39 - 49.

[56] 张幼文. 要素集聚的体制引力 [M]. 上海: 上海人民出版社, 2015: 89.

[57] 曹新明. 知识产权法哲学理论反思——以重构知识产权制度为视角 [J]. 法制与社会发展, 2004 (06): 60 - 71.

[58] 刘银良. 美国专利制度演化掠影——1980 年纪略 [J]. 北大法律评论, 2013, 14 (2): 219 - 242.

[59] 唐晓帆. 欧盟药品补充保护证书 (SPC) 制度简介 [J]. 电子知识产权,

2005（10）：42-45.

[60] 张平．论知识产权制度的"产业政策原则"[J]．北京大学学报（哲学社会科学版），2012，49（5）：121-132.

[61] 吴欣望，朱全涛．专利经济学——基于创新市场理论的阐释[M]．北京：知识产权出版社，2015：12.

[62] 颜崇立．美国专利制度二百年[J]．中外科技信息，1990（4）：52-57，65.

[63] 金泳锋，黄钰．专利丛林困境的解决之道[J]．知识产权，2013（11）：83-88

[64] 王博雅，蔡翼飞．创新产业支持政策体系研究[J]．宏观经济研究，2018（10）：93-104，120.

[65] 吴林海．高技术产业界定的方法和分析[J]．科技进步与对策，1999（6）：53-55.

[66] 韦玉琼．劳动密集型产业在浙江制造业中的地位和演化[J]．现代商业，2017（36）：189-190.

[67] 周勇，王国顺，周湘．要素角度的产业划分[J]．当代财经，2006（3）：88-91.

[68] 华淑华．知识产业的界定及其在上海产业结构中的位置[J]．毛泽东邓小平理论研究，2002（2）：71-75，57.

[69] 王晓亚．知识密集型产业协同发展与企业技术创新——作用机理与实证研究[J]．科学学与科学技术管理，2017，38（4）：96-104.

[70] 严栾玉．政府规制与汽车产业自主创新——兼论后危机时代中国汽车产业的发展路径[J]．江海学刊，2010（4）：88-93.

[71] 裘希．知识密集型产业技术创新演化机理及相关政策研究[D]．哈尔滨：哈尔滨工程大学，2013.

[72] 刘仁毅，乔依德，周八骏，等．按生产要素密集度对工业进行分类的指标体系和统计方法[J]．上海社会科学院学术季刊，1985（1）：37-51.

[73] 张长春．我国要素密集型行业划分与优势区分布[J]．中国工业经济研究，1994（7）：30-35，8.

[74] 李耀新．我国工业生产要素密集型产业结构的特征分析[J]．经济研究，1991（12）：40-45，52.

[75] 张玉．中国进出口商品要素密集度与比较优势基础[D]．天津：天津财经

大学,2007.

[76] 王文声,易丹辉. 关于工业生产要素密集度研究的统计方法[J]. 统计研究,1988(1):49-54.

[77] 姜南,单晓光,漆苏. 知识产权密集型产业对中国经济的贡献研究[J]. 科学学研究,2014,32(8):1157-1165.

[78] 张劲文. 知识产权产业的定义与统计分类研究[J]. 科学学研究,2015,33(1):45-54,127.

[79] 李黎明. 知识产权密集型产业测算:欧美经验与中国路径[J]. 科技进步与对策,2016,33(14):55-62.

[80] 许林玉. 关于创新和专利的11个事实[J]. 世界科学,2018(5):37-42.

[81] 闫永琴,尹丽琴. 全要素生产率分解下的我国制造业异质性与成长能力研究[J]. 贵州财经大学学报,2018(6):46-55.

[82] 易明,彭甲超. 我国高新技术产业专利创新效率演变规律及空间差异研究——基于全要素生产率的测算与分解[J]. 科技进步与对策,2018,35(5):68-73.

[83] 邵其辉,钟昌标. 创新投入对出口贸易的影响——基于知识产权保护的视角[J]. 科技与管理,2016,18(2):51-58.

[84] 余长林. 知识产权保护与中国出口比较优势[J]. 管理世界,2016(6):51-66.

[85] 王奇珍,朱英明,王玉东. 出口贸易能提高创新产出吗?——基于中国微观企业的实证分析[J]. 北京工商大学学报(社会科学版),2016(1):41-52.

[86] 邓兴华,林洲钰. 专利国际化推动了贸易增长吗——基于贸易二元边际的实证研究[J]. 国际经贸探索,2016,32(12):4-20.

[87] 李黎明,刘海波. 基于医药产业的专利、贸易政策与国际贸易关系研究[J]. 中国软科学,2013(6):39-52.

[88] 李展儒,莫婷婷. 专利质量的理论与实践发展:基于文献的评述[J]. 上海管理科学,2019,41(2):37-43.

[89] 张平. 专利运营的国际趋势与应对[J]. 电子知识产权,2014,37(6):22-25.

[90] 黄珍,胡罡,刘乐. 我国高校专利工作的误区——从现代专利发展趋势谈

起[J]. 中国高校科技, 2017, 12 (S2): 127-129.

[91] 刘仲, 李韵清, 郭晶. 大型国企专利运营模式分析[J]. 中国发明与专利, 2017, 14 (3): 73-77.

[92] 张冬, 李鸿霞. 我国专利运营风险认定的基本要素[J]. 知识产权, 2017 (1): 99-104.

[93] 吴汉东. 知识产权商业运营的基本路径[J]. 河南科技, 2016 (22): 8-10.

[94] 张亚峰, 刘海波, 吕旭宁. 专利运营的基本规律: 多案例研究[J]. 研究与发展管理, 2016, 28 (6): 126-134.

[95] 郗建红, 彭爱东. 专利被引频次与专利分类跨领域相关性研究——以中国在美国授权专利为例[J]. 情报杂志, 2016, 35 (4): 92-97.

[96] 乔永忠, 肖冰. 基于权利要求数的专利维持时间影响因素研究[J]. 科学学研究, 2016, 34 (5): 678-683.

[97] 曾心苗. 美国PCT专利申请分析[J]. 中国发明与专利, 2009 (11): 70-74.

[98] 高山行, 李炎炎. 生物医药企业政治行为与原始性创新: 知识管理的中介作用[J]. 科学学与科学技术管理, 2018, 39 (7): 24-36.

[99] 陈雅兰, 张晓明, 戴顺治, 等. 原始性创新驱动因素与创新绩效相关性研究[J]. 科研管理, 2017, 38 (10): 10-21.

[100] 杨燕, 蔡新蕾. 原始性创新的触发机制研究——基于动机性信息处理理论和利益相关者视角[J]. 科研管理, 2016, 37 (9): 1-10.

[101] 郑树华, 孙辰辉. 浅谈国外专利审查模式的创新发展[J]. 中国发明与专利, 2016 (1): 84-89.

[102] 黎文, 梅雅妮, 周霞. 贸易摩擦、企业附加值和研发投入对知识产权(专利)密集型产业专利申请的影响——基于中国2013—2018年上市公司数据的分析[J]. 科技管理研究, 2020, 40 (7): 180-189.

[103] 李青文, 辜庆志. 欧盟知识产权密集型产业的经济贡献及对我国的启示[J]. 铜陵学院学报, 2018, 17 (6): 13-19.

[104] 王迁. 知识产权法教程[M]. 北京: 中国人民大学出版社, 2019: 12-13.

[105] 孟天宇. 专利密集型产业竞争力研究——以江苏省为例[J]. 技术与创新管理, 2020, 41 (3): 287-291.

[106] 田家林. 区域专利密集型产业知识产权运营效率比较分析 [J]. 财会月刊, 2019 (24): 134-139.

[107] 张冬, 李颖超. 我国专利密集型产业专利风险防控问题研究 [J]. 科技与法律, 2019 (3): 10-18.

[108] 杨起全, 吕力之. 美国知识产权战略研究及其启示 [J]. 中国科技论坛, 2004, 3 (2): 102-105, 126.

[109] 李乔. BEPS背景下"专利盒"税制的跨国协调: 国际标准与中国应对 [J]. 税务与经济, 2017 (4): 79-86.

[110] 张翼燕. 脱欧后英国的科技与创新政策动向 [J]. 全球科技经济瞭望, 2017 (1): 2.

[111] 陈晓怡. 法国科技政策发展态势（上）[J]. 科技政策与发展战略, 2014: 30-32.

[112] 郑成思. 对二十一世纪知识产权研究的展望 [J]. 中国法学, 1999 (6): 11-19.

[113] 张平. 论知识产权制度的"产业政策原则"[J]. 北京大学学报（哲学社会科学版）, 2012, 49 (3): 121-132.

[114] 詹·法格博格, 戴维·莫利, 理查德·纳尔逊. 牛津创新手册 [M]. 北京: 知识产权出版社, 2009: 14.

[115] 罗积争, 吴解生. 产业创新: 从企业创新到国家创新之间的桥梁 [J]. 经济问题探索, 2005 (4): 111-114.

[116] 严潮斌. 产业创新: 提升产业竞争力的战略选择 [J]. 北京邮电大学学报（社会科学版）, 1999 (3): 6-10.

[117] 王艾青. 技术创新、制度创新与产业创新的关系分析 [J]. 当代经济研究, 2005 (8): 31-34.

[118] 吴汉东. 科技、经济、法律协调机制中的知识产权法 [J]. 法学研究, 2001 (6): 128-148.

[119] 程瑶, 潘旭文. 专利税收优惠设计的国际比较与借鉴 [J]. 财政研究, 2018 (2): 121-129.

[120] 吴欣望, 朱全涛. 专利经济学———基于创新市场理论的阐释 [M]. 北京: 知识产权出版社, 2015: 64.